Ernst Fritz-Schubert

Dem Glück auf die Sprünge helfen

Ernst Fritz-Schubert

Dem Glück auf die Sprünge helfen

Das Geheimnis der Lebensfreude

KREUZ

MIX
Papier aus verantwortungsvollen Quellen
FSC® C106847

www.kreuz-verlag.de

Satz: de·te·pe, Aalen
Herstellung: fgb · freiburger graphische betriebe
www.fgb.de

Printed in Germany

ISBN 978-3-451-61107-0

Inhalt

Vorwort

Glück fällt nicht nur vom Himmel, wir dürfen ihm auch auf die Sprünge helfen. Vielleicht fordert die Natur sogar von uns Menschen, dass wir unser eigenes Glück schmieden und danach streben. Glück ist die Belohnung unseres Tuns und wird zu dessen Motor. Was wäre ohne die kleinen und großen Glücksmomente unserer Vorfahren aus uns geworden? Wir wären als Sauertöpfe oder Angsthasen in unseren Höhlen geblieben und wären vielleicht, wie viele andere Spezies, verkümmert. Nur das Streben nach Glück hat unsere Vorfahren dazu bewegt, Werkzeuge zu entwickeln und sich mit Speeren auf die gemeinsame Jagd nach dem Säbelzahntiger zu machen. Ohne dieses Streben hätten sie wohl kaum neue Wasserquellen entdeckt und noch viel weniger hätten sie sich am Lagerfeuer gemeinsam wohlgefühlt. Ohne das Streben nach Glück hätten sie sich auch nicht viele Tausend Jahre später als Siedler mit Schiffen über den Ozean gewagt. Thomas Jefferson proklamiert in der Unabhängigkeitserklärung vom 4. Juli 1776 »the pursuit of happiness«: das Streben nach Glück als unveräußerliches Recht. Jeffersons Satz hat mittlerweile rund um den Globus Eingang in viele Verfassungen gefunden. Aber was ist aus unserem Glücksstreben geworden? Macht das Streben nach Glück vielleicht sogar unglücklich? Wenn wir es auf direktem Wege ansteuern wollen, laufen wir Gefahr, in Glücksfallen zu treten, die uns rechts und links unseres Lebensweges auflauern. Glück fällt weder auf Kommando vom Himmel noch entstehen willentlich Glücksgefühle. Wenn wir uns auf die Suche nach dem Glück machen, dann suchen wir, wie unsere Vorfahren, nach den guten Gründen fürs Glücklichsein, und wenn es uns gelingt, dann dürfen wir zur Belohnung glücklich sein. Manchmal belohnt uns die Natur oder Fortuna, ohne dass wir suchen mussten. Die glückliche Fügung, der positive Zufall, macht uns dann zu Glückspilzen. Sie heißen aber deshalb Glückspilze, weil sie, wie Pilze eben, schnell aus dem Boden schießen, aber auch genauso schnell wieder verschwinden können. Für das Streben nach Glück lohnt es sich deshalb eher nicht, auf den glücklichen Zufall zu hoffen. Statt auf Godot wartet man dann vielleicht ebenso erfolglos auf das Glück. Erfolgversprechender ist es dagegen, sich Haltungen und Einstellungen anzueignen, die uns glücksempfänglicher machen. Klar gibt es sogenannte geborene Optimisten oder Pessimisten, aber Menschen sind lernfähig, solange sie leben. Haltungen und Einstellungen sind durch Erkenntnis und Übung veränderbar, das wissen wir spätestens, seit aus dem bösen Saulus der gute Paulus wurde.

Menschen streben nach einem Ausgleich zwischen ihrem Drang nach Autonomie bei gleichzeitiger Suche nach Bindung und Geborgenheit. Wie schmerzlich mussten viele von uns erfahren, dass der Egotrip sehr einsam und unglücklich machen kann. Der dänische Philosoph Søren Kierkegaard empfiehlt deshalb, das Tor zum Glück immer nach außen zu öffnen und sich Menschen und deren Meinungen nicht zu verschließen. Das Teilen des eigenen Glücks gehört notwendig zum Erleben der Lebensfreude dazu. Leid halbiert sich und Glück verdoppelt sich, wenn es mit einem anderen Menschen geteilt wird.

Menschen haben zudem zwei Seiten. Eine sehr lustbetonte, die mit dem Gegenüber des »inneren Schweinehundes«, der Kontrolle, so manchen »heftigen Strauß« ausficht. Um die innere Balance zu finden und weder dem grenzlosen Hedonismus zu frönen noch in Askese ein freudloses Dasein zu fristen, bedarf es der Übung, die bekanntlich den Meister macht. Damit aus Wunschträumen reale Ziele werden und sie sich nicht durch gnädiges Vergessen in Luft auflösen, müssen wir lernen, uns selbst zu motivieren. Umgekehrt müssen wir uns aber auch gedulden können, um abzuwarten oder gar Dinge zu unterlassen. Diese Fähigkeiten sollten nicht nur Sportlern und Mönchen vorbehalten sein, sondern am besten von Kindesbeinen an geübt werden. Sie entfalten ihre Wirkung, wenn sie Bestandteil unseres Alltags werden und uns ein Leben lang begleiten.

Als Privileg gegenüber unseren instinktgesteuerten Mitgeschöpfen tragen wir in uns einen aktiven Gestaltungsauftrag, der es uns erlaubt, auf unserer Lebensreise körperlich und geistig wirksam zu sein. Wir fühlen uns wohl, wenn wir uns anstrengen und Ziele aus eigener Kraft erreichen, wenn wir Herausforderungen annehmen und nicht jede Krise als Katastrophe sehen, sondern sie vielmehr in eine Chance umzudeuten wissen. Gestaltung heißt auch Beziehungen zu gestalten, sich einzubringen in Partnerschaft und Gemeinschaft, achtsam mit sich und seiner Umgebung zu sein. All das sind gute Gründe, durch sinnvolles Leben und Erleben ein Meer der Zufriedenheit zu schaffen, aus dem ab und zu die Woge des Glücks emporschwappt und uns richtig glücklich macht.

Als Lehrer, Therapeut und Coach durfte ich in vielen Übungen und Erlebnissen mit Kindern, Jugendlichen und Erwachsenen erfahren, wie lernfähig wir Menschen sind und wie wir im Dschungel der Glücksversprechen den richtigen, ganz individuellen Weg zu Glück und Zufriedenheit finden können.

In diesem Buch möchte ich von diesen Erlebnissen berichten, die, ergänzt um einfache Übungen, Ihnen, liebe Leser, helfen sollen, den Schlüssel zu Kierkegaards Tor zu finden. Öffnen können Sie es aber nur selbst. Ich würde mich freuen, wenn Ihnen meine Erfahrungen als Anregungen für Ihre persönliche gelingende Lebensgestaltung dienten.

Das Tor zum Glück finden

Der individuelle Weg zum Glück

Eigentlich wollte ich Steuerberater werden. Ich studierte deshalb fleißig und mit gutem Erfolg Volkswirtschaftslehre und Jura. Nebenbei schaffte ich noch die Bilanzbuchhalterprüfung und betreute schon die Buchführung einiger kleinerer Betriebe. Doch eines Tages wurde mir wieder bewusst, wie trostlos die Zeit als Lehrling im Steuerbüro von Herrn Winkler gewesen war. Wollte ich das wirklich noch einmal erleben oder war es nur das Gefühl, den elterlichen oder, besser gesagt, den mütterlichen Wunsch, mit dem sie mich zwölf Jahre vorher im Steuerbüro zur Ausbildung abgegeben hatte, endlich vollständig zu erfüllen? Wollte ich am Ende dem Steuerberater, der damals zu meiner Lehrlingszeit nichts von mir hielt, nur beweisen, dass Ochsen nicht nur Milch geben, sondern auch in der Lage sind, Hürden und Hindernisse leichtfüßig zu überwinden, um ihm auf der Nachbarweide Konkurrenz zu machen? War es das viele Geld, das mich lockte, etwas zu tun, was ich eigentlich gar nicht wollte?

Ich stand vor einer schweren Entscheidung: Was sollte bzw. wollte ich denn sonst tun? Assistentenstellen an der Uni waren in Zeiten knapper Kassen rar. Sollte ich vielleicht

Manager in einem Industrieunternehmen werden? Auch hier warteten wieder das Büro und damit Unfreiheit und womöglich auch noch Stress. Ich erinnerte mich an meine letzten beiden Schuljahre. Als Erwachsener hatte ich noch einmal die Schulbank gedrückt und ohne große Mühe in Windeseile mein Abi geschafft. Das lag nicht daran, dass ich plötzlich gescheiter geworden wäre, sondern daran, dass ich das System Schule verstanden hatte: Man notiere stets, was der Lehrer auch in den Nebensätzen von sich gibt, fasse es zusammen und präsentiere die Ergebnisse mündlich im nachfolgenden Unterricht oder bei den schriftlichen Leistungskontrollen. Außerdem lohnt es sich, hin und wieder ein paar Seiten im Lehrbuch vorauszulesen, um so einen, wenn auch nur kleinen, Wissensvorsprung zu haben, um Lehrern und Mitschülern kräftig zu imponieren. Mit dieser Strategie war ich auch an der Universität sehr erfolgreich. Ich erinnere mich gut an mein Examen, daran, wie es meiner Arbeitsgruppe gelang, der Sekretärin die letzte Veröffentlichung unseres Profs abzuluchsen, um ihn dann in der mündlichen Prüfung mit seinen eigenen Thesen zu konfrontieren. Lehrer, das wär's! Genügend Zeit, Freiheit, Unterhaltung im wahrsten Sinne des Wortes und immer umgeben von jungen Menschen. Leider hatte der Lehrerberuf allerdings auch schon damals nicht das beste Image. Ärzte, Rechtsanwälte, Naturwissenschaftler und andere Akademiker lagen im Berufe-Ranking weit vor ihnen. Lehrer seien spießig, hätten vormittags recht und nachmittags frei. Auch mein Vater fand die Idee nicht umwerfend und riet mir eindeutig ab. Schließlich hätte ich doch so ein schönes Examen, mit dem mir die ganze Welt offenstehen würde. Manchmal ist es allerdings auch gut, nicht auf die Eltern zu hören. Ich blieb also bei meiner Entscheidung und rief beim damaligen Oberschulamt in

Karlsruhe an, um nachzufragen, ob mein Diplom und die Ausbildung im Steuerfach nicht auch eine Grundlage für den Lehrerberuf seien. Pädagogik könnte ich ja noch lernen.

Ich hatte tatsächlich Glück. Das Land Baden-Württemberg suchte in den 1970er Jahren händeringend Lehrer, die es auch ohne pädagogische Vorkenntnisse zum Referendariat zuließ. Es könne sogar schon zum Schuljahr 1976/1977 klappen. Nachdem ich meine Unterlagen im Oberschulamt zur Prüfung abgegeben hatte, sollte ich dann auf den endgültigen Bescheid und die Zuweisung an eine Schule warten. Es vergingen viele Wochen, in denen ich sehnsüchtig auf meinen Brief wartete. Das neue Schuljahr hatte bereits angefangen, als mir am 19. August 1976 der Postbote einen Brief übergab. Darin wurde ich aufgefordert, mich am 18. August, also einen Tag vor Ankunft des Briefes, an der Willy-Hellpach-Schule in Heidelberg zu melden. Die Mühlen des Beamtentums mahlen eben langsam, dafür aber gründlich. Ich fand das damals ziemlich lustig, machte mich aber sogleich auf den Weg, um dem damaligen Direktor der Schule meinen verspäteten »Stellungsbefehl« zu zeigen und mich mit ihm gemeinsam an der vom Amtsschimmel erzeugten Absurdität zu freuen. Weit gefehlt. Stattdessen erhielt ich meinen allerersten Anpfiff. Schließlich seien außer mir alle anderen Referendare schon tags zuvor als Beamte vereidigt worden. Extrawürste würden für Menschen, die noch nicht einmal Pädagogen sind, nur ungern gebraten. Alle Erklärungen und Beteuerungen halfen nicht, das notwendige Einsehen in die widrigen Umstände, die die Verspätung bewirkt hatten, zu schaffen. Schließlich wurde ich doch noch, wohl eher in einem Akt der Gnade, vereidigt und mit einem Personalbogen, den es fehlerlos mit der Schreibmaschine auszufüllen galt, nach Hause entlassen. Mit gesenktem Haupt schlich ich völlig verunsichert davon.

Nach meinem ersten Schultag in der Grundschule, bei dem ich erfuhr, dass ich besser, wie meine Klassenkameraden, vorher schon gelernt hätte, und nach meinem ersten Tag als Lehrling im Steuerbüro, bei dem der Ernst des Lebens sich wie eine Last auf meinen Rücken legte und mich zum Erdulder werden ließ, hatte das Schicksal erneut zugeschlagen. Aus dem fröhlichen jungen Akademiker, der noch in seiner Studentenzeit daran mitwirkte, den Muff von tausend Jahren aus den Talaren der Professoren zu klopfen, drohte schon wieder ein armer Hiob zu werden. Sollte ich aufgeben und doch noch einen Fahrradladen aufmachen, wie ich es mir früher in Notsituationen immer wieder vorgestellt hatte? Welchen Preis der Anpassung wollte ich für meinen Berufswunsch zahlen und wie viel persönliche Freiheit wollte ich aufgeben, um mich beruflich frei entfalten zu können? Nein, aufgeben gab es nicht. Ich hatte von frühester Kindheit an gelernt, durchzuhalten. Genau diese Ausdauer hielt mich zum Glück davon ab, am ersten Tag meiner Schullaufbahn die Flinte ins Korn zu werfen. Das Referendariat war hart, aber trotz der autoritären Führung und der gedrückten Stimmung an der Schule entdeckte ich im Unterricht mit den Schülern jene Erfüllung, die mir bei allen anderen Tätigkeiten vorher gefehlt hatte. Die Stunden vergingen schnell, und nach dem Unterricht war ich unglaublich stolz, nicht nur meine Fächer unterrichtet zu haben, sondern tatsächlich den jugendlichen Menschen statt fertiger Antworten vor allem Fragen mit nach Hause gegeben zu haben und ihnen damit zu erlauben, eigene Erkenntnisse, Haltungen und Einstellungen zu gewinnen. Ich hatte Angst, nicht an meiner Ausbildungsschule als Studienrat bleiben zu dürfen. Zu meinem Erstaunen hatte mich jener autoritäre Direktor, der für mich keine Extrawürste braten wollte, auserkoren, eine neu gebildete elfte Klasse des Wirtschaftsgymnasiums zu übernehmen. Außerdem sollte ich in der Schulleitung mitwirken. Wer hätte das gedacht: So wurde aus dem armen Hiob doch noch ein glücklicher Lehrer. Vielleicht hatte meine Frohnatur, die mich von meinem eher angepassten Mitstreiter abhob, den Schulleiter überzeugt und den Ausschlag für seine Entscheidung gegeben. In dieser Zeit entstanden die Träume, die junge Lehrer, wenn sie den für sie richtigen Beruf ergriffen haben, manchmal ein Leben lang begleiten: Kinder und Jugendliche nicht wie Fässer mit Wein mit Wissen zu füllen, sondern in ihnen die Fackel der Begeisterung zu entzünden. Die Jahre verflogen ebenso schnell wie die Unterrichtsstunden, und aus dem jungen Studienrat wurde sehr schnell ein stellvertretender Schulleiter und im Jahr 2000 der Direktor der Schule. Für mich gab es in den 35 Jahren keinen schöneren, spannenderen und erfüllenderen Beruf.

Allein das Schulhaus wollte nicht so recht zu diesem fröhlichen Geist passen. Es stammt aus den 50er Jahren und ist leider nicht sehr ansehnlich. Ein Schüler hat das bei einer Abi-Rede so beschrieben: »Die Schule ist in ihrem Inneren bei Weitem nicht so schlecht, wie sie von außen scheint.« Ich habe mich schon oft gefragt, warum unsere Heidelberger Gemeinderäte, statt hochtrabende Pläne zur Stadtentwicklung zu betreiben, nicht auf die Idee kommen, für unsere Kinder eine schulische Heimat zu schaffen, in der sie sich wohlfühlen und das Lernen richtig Freude machen kann, in der man nach Schulschluss noch gerne bleiben möchte oder sich abends wieder mit seinen Schulkameraden treffen will, in der Lehrer und Schüler genügend Platz haben, um sich im wahrsten Sinne des Wortes entfalten und einander begegnen zu können. Ich beneide die Bankdirektoren unserer Stadt, die in ihren herrschaftlichen Häusern der Gründerzeit residieren oder in modern und ökologisch ausgerichteten Glaspalästen ihren Kunden Ehrfurcht abverlangen. Es ist noch gar nicht so lange her, dass sich eine Großbank eine andere einfach einverleibte. Ich dachte mir: Wieso werden im Zuge dieser Konzentration nicht wenigstens die wunderschönen Gebäude frei? Die elektronische Kundenverwaltung braucht doch durch die Erweiterung der übernehmenden Bank bestimmt nicht so viel Platz, wie vorher zwei Banken benötigten. Also müsste doch eigentlich ein Gebäude frei werden. Vielleicht würden sogar eine ganze Reihe Mitarbeiter arbeitslos oder, besser gesagt, freigestellt werden. Bestärkt wurde ich in diesem Gedanken, als ich sah, wie das »grüne Band der Sympathie« nebst Schriftzug »Dresdner Bank« plötzlich von der Fassade einer riesengroßen Stadtvilla verschwand.

Als alter Lehrer und Freund noch älterer Häuser geriet ich ins Träumen. In meinen Träumen traf ich einen Sponsor oder besser den Stiftungsrat einer Sparkassenstiftung, der es satthatte, mit den Zinsen des Stiftungsvermögens nur renovierungsbedürftige Tennis- oder Golfplätze zu sanieren oder angeberische, wasserspeiende Großbrunnen für die Parks der Stadt zu finanzieren. Nein, dieser Mensch hatte für sich den Entschluss gefasst, das frei gewordene Bankgebäude in eine Schule des gelingenden Lebens zu verwandeln. Einige Bankangestellte sollten neben dem normalen Lehrpersonal als Experten für wirtschaftliche Lebensfragen pädagogische Aufgaben übernehmen. Außer diesen Wirtschaftsexperten sollten vor allem Künstler aus den Bereichen Musik, Theater und Bildende Kunst den Schulalltag ergänzen. In meinen Träumen erlebte ich, wie Schüler ihr neues Schulhaus mit Respekt bestaunten und den Unterricht in diesem Haus als besondere Auszeichnung, ja als eine besondere, ihnen zuteilwerdende Ehre empfanden. Die Veränderung war sichtbar an ihrem respektvollen Auftreten nicht nur gegenüber den Lehrern, sondern auch gegenüber ihren Mitschülern. Auch die Eltern entdeckten die Schule neu. Ähnlich wie bei den Finanzierungsberatungen in der Bank zeigten sie sich ungewöhnlich aufgeschlossen gegenüber den Vorschlägen der Bildungsinvestitionsberater. Ich weiß nicht, ob die schweren Teppiche die Schule so viel leiser machten als vorher oder ob tatsächlich die gediegene Atmosphäre das Verhalten der Kinder und Jugendlichen so positiv beeinflusste und achtsam werden ließ. Im Zusammentreffen mit den Künstlern entdeckten sie nicht nur ihre kreativen Potenziale, sondern einen Sinn für Ästhetik, der in unserer Zeit schon abhandengekommen zu sein schien. Sie lernten von den Bankern, dass Geld den Charakter verändert und dass Streben nach Reichtum die Menschen unmenschlich macht. Sie lernten von den Schauspielern fast mühelos, dass Körper, Geist und Emotionen untrennbar miteinander verbunden sind und dass wir Menschen in der Lage sind, uns zu motivieren und zu gedulden. Sie sogen die Lerninhalte in den allgemeinbildenden Fächern wie Mathematik, Naturwissenschaften oder Sprachen wie trockene Schwämme auf, weil sie den dem Menschen von Natur aus mitgegebenen Wissensdurst stillen wollten und nicht von dem Wissensangebot ertränkt wurden. Sie machten sich auf die Suche nach dem Sinn des Lebens. Sie erlebten die wohltuenden Wirkungen von Tugenden wie Gerechtigkeit, Mäßigung, Mut und Weisheit und staunten, warum die philosophischen Erkenntnisse von Platon bis Epikur heute allesamt nur theoretisch betrachtet, statt wirklich gelebt werden. Sie fragten sich, warum die Wirtschaftsbosse, Politiker und alle anderen Menschen an den negativen Affekten wie Gier, Neid und Missgunst nicht längst erkannt haben, dass sie sich auf dem falschen Weg befinden. Die Jugendlichen begannen hinter die materiellen Dinge zu schauen und sich auf die Suche nach den Ingredienzien für ein glückliches Leben zu machen.

Ein wirklich schöner Traum, aus dem man am liebsten nie aufwachen möchte. Träume dürfen manchmal auch Wirklichkeit werden. Wir müssen aber etwas dafür tun: uns auf den Weg machen, um Veränderungen zu bewirken. Ich habe im Jahr 2007 das Schulfach Glück an unserer Schule eingeführt und Experten und Expertinnen aus Wissenschaft und Kunst eingeladen, an einem Curriculum mitzuarbeiten, das jungen Menschen Wege zum und Gründe fürs Glücklichsein aufzeigen soll. Ich bat sie anschließend, ihre Methoden und Übungen anzuwenden, damit Schüler und Schülerinnen durch positive Erlebnisse, besser gesagt durch Schlüsselerlebnisse, hilfreiche Erfahrungen sammeln und im Alltag ausprobieren können. Wir wollten ihnen helfen, Haltungen und Einstellungen zu gewinnen, die sie ermutigen, ihr Leben nicht wie der arme Hiob nur zu erdulden, sondern zu gestalten.

Den Weg von der Vision einer Schule des gelingenden Lebens zum »Schulfach Glück« habe ich in meinen beiden Büchern »Schulfach Glück: Wie ein neues Fach die Schule verändert« und »Glück kann man lernen. Was Kinder stark fürs Leben macht« nachgezeichnet. Es sind mittlerweile schon mehr als vier Jahre vergangen, und das Schulfach Glück ist nicht nur in aller Munde, sondern wird in mehr als einhundert Schulen von der Grundschule bis zum Gymnasium im In- und Ausland angeboten. Die Experten gibt es noch, nur unterrichten sie jetzt nicht mehr die Schüler, sondern entwickeln in unserem Institut Methoden und Übungen, die wir direkt oder indirekt über Fortbildungen an Bildungs- oder soziale Einrichtungen, Kliniken und Unternehmen weitergeben. Ich freue mich darüber, dass mein Konzept in so viele unterschiedliche Bereiche Eingang gefunden hat.

Ich möchte Sie im Folgenden einladen, einige der Übungen, die sich für uns nicht nur in der Schule bewährt haben, im Selbstversuch auszuprobieren. Leider kann ich Ihnen nicht versprechen, dass Sie nach dem Lesen meines Buches tatsächlich glücklicher sind. Genauso wie das Schulfach Glück den Schülern kein Glücksversprechen geben kann, auf dass sie nach dem Unterricht tatsächlich glücklicher werden. Für den Weg zum Glück gibt es nämlich keinen Lift, man muss schon Stufe um Stufe erklimmen, um die guten Gründe, die das Glücklichsein bewirken, für sich selbst zu erobern. Es sind die persönlichen Ziele, unsere Haltungen und Einstellungen, die man am besten durch fortwährende Übung gewinnt. Das gibt uns schon der Philosoph Aristoteles mit auf den Weg: »Was man lernen muss, um es zu tun, das lernt man, indem man es tut.«

Talente wirklich nutzen

Es gibt Menschen, denen scheint das Handwerkszeug für ein gelingendes Leben in die Wiege gelegt. Ihnen gelingt fast alles, was sie anfassen. Sie verfügen über Begabungen und Talente, die andere bestaunen und vielleicht auch manchmal vor Neid erblassen lassen. Sie durchlaufen die Schule nahezu mühelos, meistern ihr Studium und haben die besten Prognosen für ein erfolgreiches Berufsleben. Sie gelten gemeinhin als intelligent. Daneben gibt es Menschen, die handwerklich geschickt sind, sportliche Fähigkeiten besitzen oder über hohe soziale Kompetenzen verfügen.

Hätte ich, statt an mich selbst zu glauben, den Prognosen meiner Lehrer, meines Ausbilders und meiner Eltern vertraut, wäre ich sicherlich weit unter meinen Möglichkeiten geblieben. Meine Zeugnisnoten waren meist mehr schlecht als recht. Ich bin zwar nie sitzen geblieben, aber für ein wirklich gutes Zeugnis hat es halt auch nicht gereicht. Die Mittlere Reife habe ich knapp geschafft und das Abitur war befriedigend. Für das Erlernen eines Handwerks taugte ich nach Meinung meiner Eltern – schließlich hatte ich ja zwei linke Hände – auch nicht.

Mein Freund Bruno, den ich seit der ersten Klasse kenne, war da ein ganz anderes Kaliber. In meinen Augen konnte der einfach alles. Ich kann mich nicht erinnern, dass er je über die Schule geklagt hätte. Im Gegenteil, er schaffte das Abitur fast mühelos, während ich mich erst noch durch eine Lehre quälen musste. Zudem verfügte er über unglaubliches handwerkliches Geschick. Seine aus Balsaholz gefertigten Flugmodelle mit Fernsteuerung waren für damalige Verhältnisse sensationell. Mit 18 Jahren konnte er, nur ausgerüstet mit einem Handbuch für Autoschlosser, den Motor eines Kleinwagens zerlegen und wieder zusammenbauen. Er spielte in einer Band, weil er sich das Gitarrespielen selbst beigebracht hatte, und war der Schwarm vieler Mädchen. Kurz gesagt, er hatte einen unerschütterlichen Optimismus und war einfach genial. Ich dachte damals, der Bruno wird mal ein ganz Besonderer. Vielleicht wird er bei der NASA Entwicklungsingenieur oder ein bekannter Politiker oder, oder. Im jungen Erwachsenenalter trennten sich unsere Wege. Brunos Eltern zogen in eine andere Stadt, und Bruno verpflichtete sich bei der Bundeswehr als Zeitsoldat, was mich allerdings ein wenig verblüffte. Stillschweigend unterstellte ich aber, dass der kluge und begabte Bruno sicherlich die Zeit bei der Bundeswehr für ein Studium genutzt hatte, um entweder direkt dort Karriere zu machen oder später in Wirtschaft oder Wissenschaft ein »Big Boss« zu werden. Da es auch sonst keine weiteren Anknüpfungspunkte mehr gab, verlor ich Bruno für vier Jahrzehnte aus den Augen. Zusammengeführt hat uns der Evangelische Kirchentag in Dresden im Jahr 2011. Bruno las meinen Namen im Programm unter dem Thema »Zum Glück: Lernziel, Staatsziel, Lebensziel« und hat mich so auf der Veranstaltung ausfindig gemacht. Bei unserem Zusammentreffen habe ich ihn allerdings kaum wiedererkannt. Der einst so dynamische Bruno hatte seinen Körperumfang im Verlauf der letzten Jahre mehr als verdoppelt und seine lebendigen Augen waren mittlerweile hinter Tränensäcken verschwunden. Wir verabredeten uns direkt für den Abend in einer Kneipe. Ich war sehr gespannt, wie es Bruno ergangen sein mochte.

Bruno arbeitete nicht mehr, sondern lebte von einer schmalen Rente, die er mit seiner Wohnungsgenossin, wie er sie nannte, teilen musste. Ich erfuhr nach und nach die

Einzelheiten und die Gründe für seine sogenannte gescheiterte Existenz: Es fing eigentlich alles gut an. Bruno hatte sich vorgenommen, nach der Grundausbildung Raumfahrttechnik an einer Bundeswehruniversität zu studieren. Das klappte auch, aber nach anfänglichen Erfolgen im Studium verlor er zunehmend das Interesse, weil ihm, dem das Pauken vorher fremd gewesen war, die Anstrengung zu groß wurde. Schließlich musste er das Studium abbrechen und zu seiner Einheit zurückkehren. Nach vier Jahren Bundeswehr quittierte er den Dienst und ließ sich in einem Ingenieurbüro zum Technischen Zeichner ausbilden. Während dieser Zeit lernte er seine damalige Frau kennen, mit der er eiligst zusammenzog. Es folgten zehn gemeinsame Ehejahre und zwei Kinder. An ein Studium war nicht mehr zu denken. Das Leben nahm, wie er selbst sagte, seinen Lauf. Die Arbeit im Büro langweilte ihn ebenso wie sein Zuhause. Zu einer Veränderung seiner beruflichen Situation war er aus Sicherheitsgründen nicht bereit. Und ein Studium kam allein aus Kostengründen nicht mehr in Frage. Bruno flüchtete sich in die Musik und fing an, abends mit einer Band in Kneipen aufzuspielen. Hier verliebte er sich in Marlene, die kurze Zeit später von ihm schwanger wurde. Die Ehe zerbrach und der Unterhalt für die drei Kinder und zwei Frauen fraß sein Gehalt auf. Bruno ertränkte seine Probleme immer öfter im Alkohol und verlor daraufhin seine feste Anstellung. Durch die Musik und die kleinen Jobs konnte er sich gerade über Wasser halten. Zu seinem Glück fand er eine dauerhafte Anstellung in einem Tonstudio. Leider erkrankte er schwer an Diabetes und wurde im Alter von nur 56 Jahren verrentet, wie es so schön heißt. Seitdem lebt er in einer Siedlung nahe Dresden und ist vom Leben mehr oder weniger enttäuscht: »Das Schicksal hat es nicht gut mit mir gemeint.« Bruno betrachtete sein Leben rückwirkend gemäß den Worten des großen Dichters Rainer Maria Rilke, der gesagt hat: »Glück bricht über die Menschen herein, Glück ist Schicksal.« Wir verabschiedeten uns spät am Abend, und mich beschäftigte der Gedanke, welches die wahren Gründe für Brunos Scheitern waren und worin das grundlegende Missverständnis begründet liegt, dass sogenannte begabte Schüler auch im Leben erfolgreich sein müssten. Es liegt wahrscheinlich daran, dass man Begabung und Leistung trennen muss. Potenziale zu besitzen heißt noch lange nicht, dass man diese auch nutzen kann. Auch Brunos Optimismus hatte ihm bei der Lösung seiner schwierigen Probleme offensichtlich nicht weitergeholfen. Er war es gewohnt, den einfachen Weg zu gehen, statt sich mit der Fülle des Lebens, die uns tagtäglich begegnet, körperlich und seelisch auseinanderzusetzen und aktiv die Verantwortung für sich zu übernehmen. Das setzt eine fortwährende Entwicklung der eigenen Persönlichkeit voraus. Im Prinzip geht es um die Entwicklung von Haltungen und Einstellungen: das Leben selbst in die Hand zu nehmen, es sinnvoll und kreativ zu gestalten und damit zu ermöglichen, dass aus dem Meer der Zufriedenheit die Wellen des Glücks emporschwappen können, wie ich eingangs schon sagte.

Zu sich selbst kommen

Dass das Tor zum Glücklichsein immer nach außen aufgeht, nahm mein Kollege Klaus aus dem Referendariat im Studienseminar Karlsruhe allzu wörtlich. Als junge Referendare trafen wir einander in den 1970er Jahren einmal in der Woche zur didaktischen Unterweisung und zur Vertiefung der Kenntnisse im Beamten- und Schulrecht. Das waren wirklich keine prickelnden Veranstaltungen, aber immer gute Gelegenheiten, andere Mitgestalter oder Miterdulder unserer Lehrerzunft kennenzulernen.

Unter den Junglehrern war auch Klaus, der über ein Studium der Betriebswirtschaftslehre in die schulische Laufbahn geraten war. Zwischen uns gab es viele Ähnlichkeiten hinsichtlich unseres Werdegangs. Beide waren wir im Zickzackkurs von der wirtschaftswissenschaftlichen Ausbildung mit dem Berufswunsch, Topmanager einer großen Unternehmung zu werden, im Schuldienst gelandet. Während ich die Seminarveranstaltungen mit stoischer Ruhe ertrug und dachte, dass solche eher langweiligen Tage vorübergingen und danach das wahre Lehrerleben erst beginne, dachte Klaus einfach nur an Flucht und an neue Herausforderungen. In seinen Träumen war er schon weit weg von der Schule, im Geiste war er schon in der Vorstandsetage einer Bank oder als Geschäftsführer eines Versicherungsunternehmens angekommen. Zu meinem Glück hatte ich diesen Traum schon vor der Lehrerausbildung ausgeträumt. Die Kehrseite dieses ambitionierten Managerlebens, das meist ein Streben nach Geld oder Macht oder beidem ist, ist nämlich der fortwährende Kampf mit den sogenannten Stakeholdern.

Der Ausdruck »Stakeholder« stammt aus dem Englischen: »Stake« bedeutet ungefähr so viel wie »Einsatz«, »Anteil« oder »Anspruch«, »holder« deutet auf das Eigentums- oder Besitzverhältnis hin. Der Stakeholder ist also jemand, dessen Vermögen auf dem Spiel steht und der daher mit Argusaugen darauf achtet, dass es nicht weniger, sondern mehr wird. Heute wird der Begriff »Stakeholder« nicht nur für Personen verwendet, die tatsächlich ihr Vermögen eingebracht haben, sondern bezieht sich auf alle, die ein Interesse am Verlauf oder Ergebnis eines Prozesses oder Projekts haben, dazu gehören auch Kunden oder Mitarbeiter.

Allen gerecht zu werden kann aber nicht gelingen, weil es eben unterschiedliche Interessen und unterschiedliche Einsätze in die Projekte gibt. Allein der Gegensatz zwischen den Anteilseignern, die nach hohen Gewinnen streben, und den Kunden, die sich niedrige Kosten, also günstige Produkte wünschen, verlangt vom Verantwortlichen einen unglaublichen Spagat. Von den anderen Konflikten, die mit der Geschäftsführung oder mit den Mitarbeitern ausgetragen werden müssen, ganz zu schweigen. In solchen Positionen ist man dazu verurteilt, fortwährend zu kämpfen, auszuteilen und einzustecken. Aber kämpfen bedeutet vor allem, sich anstrengen zu müssen, nur nicht zu verlieren oder eigene oder fremde Erwartungen nicht zu erfüllen und damit letztlich zu scheitern. Alles echte Glückskiller, die Klaus aber nicht davon abhielten, von einer Managerkarriere zu träumen. Zum Ende unserer Ausbildung ließ deshalb Klaus seiner Unlust immer mehr freien Lauf und nannte uns angepasste Spießer, die nur das Streben nach Sicherheit im Auge hätten. Er dagegen würde die Freiheit vorziehen und den Schuldienst nach Abschluss des Zweiten Staatsexamens verlassen, um in der »freien Wirtschaft«

sein Glück zu suchen. Gesagt, getan, Klaus bewarb sich bei einem großen Finanzmakler, bekam die Stelle und wechselte nach dem Zweiten Staatsexamen in das Unternehmen. Zum Abschied verkündete er lautstark, dass er das Prinzip des Unternehmens, eigenes und fremdes Kapital gleichermaßen zu maximieren, schon verinnerlicht habe. In zehn Jahren würde er so viel Geld verdienen, dass er danach nicht mehr arbeiten müsse, sondern seine Freiheit in vollen Zügen genießen könne. Wir haben uns nicht aus den Augen verloren und trafen uns gelegentlich beim Einkaufen in der Stadt oder beim Joggen im Wald. Klaus berichtete mir immer wieder von seinem großen Freundes- und Bekanntenkreis, wie gut das Geschäft laufe und wie sein Vermögen stetig wachse. Klaus lebte mit seiner Partnerin Andrea, die er noch vom Studium her kannte, in einer großzügigen Luxuswohnung mit Schlossblick, wie er immer stolz anfügte. Klaus war auf Erfolgskurs und durch nichts mehr zu bremsen, oder doch?

Als ich Andrea Jahre später einmal zufällig auf einer Ausstellung alleine traf, erzählte ich ihr von den begeisterten Schilderungen ihres Partners und wie mich seine beruflichen Erfolge fast neidisch machten. Zu meinem Erstaunen gab sie mir zu verstehen, dass eher Klaus auf mich neidisch sei. Zwar sei er beruflich wirklich sehr erfolgreich, aber der Preis, den er dafür zahlen müsse, sei einfach zu hoch. Nicht nur, dass er abends völlig erschöpft nach Hause komme, sondern er sei zudem extrem gereizt. Es komme immer häufiger vor, dass er nachts aufstehe, weil Sorgen ihn quälten und er trotz intensivem Grübeln keine Lösungen fände. Morgens fühle er sich schlapp und ausgebrannt. So ginge das jetzt schon seit Monaten. Sogar am Wochenende würde er die meiste Zeit am Computer verbringen. Überhaupt hätte er kaum Lust auf gemeinsame Unternehmungen, auch fühle sie sich nicht mehr von ihm geliebt. Langsam habe sie die Nase voll und denke schon an einen Auszug aus der Luxuswohnung. Mit Wehmut schaue sie zurück auf die Zeit, als der aktive Klaus begeisternd von der gemeinsamen Zukunft schwärmte, von dem Haus, in dem die Kinder tollten und alles seinen Platz, seinen Raum und seine Zeit finden sollte. Wenn sie ihn darauf anspräche, käme fast immer die gleiche Antwort: »Ich habe einen verantwortungsvollen Job, der mich voll und ganz fordert, aber bald haben wir es ja geschafft, dann wird alles besser.« Andrea hat ihn zwar nicht verlassen, dennoch hat es Klaus leider nicht geschafft. Sein angesammeltes Vermögen half ihm wenig, als er wegen eines Herzinfarkts, der ihn während einer Sitzung der Geschäftsleitung ereilte, mit dem Rettungswagen ins Krankenhaus eingeliefert wurde, wo er kurze Zeit später verstarb. Als ich die Todesanzeige las, fragte ich mich, warum das passieren musste. Da ist ein intelligenter, dynamischer und erfolgreicher Mensch, der fast alles erreicht hat und dennoch seine Erfolge nicht genießen konnte. Im Gegensatz zu Bruno hat Klaus das Ruder selbst in die Hand genommen und im wahrsten Sinne des Wortes bis zum Umfallen gekämpft. Ich fragte mich auch: Warum hat er die Zeichen seines Körpers, die Erschöpfung, die Ruhelosigkeit und das Ausgebranntsein, nicht deuten können und einen anderen Weg eingeschlagen? Leicht gesagt, dachte ich dann, denn wer sich so an den Erfolg gewöhnt hat, der ist schwer davon zu überzeugen, umzukehren und einen anderen Weg zu gehen. Vielleicht wäre es sogar besser gewesen, Andrea hätte ihre Drohung wahr gemacht und wäre tatsächlich ausgezogen. Aber »er oder sie« »hätte und sollte« sind Formulierungen, die in der dritten Person gesprochen gar nichts bewirken. Selbst Andreas Drohung, die dringenden

Appelle und wahrscheinlich auch die gut gemeinten Ratschläge der Freunde und Kollegen und vielleicht sogar die der Ärzte blieben wirkungslos. Klaus war sozusagen besessen von dem Gedanken, weiter erfolgreich sein zu müssen, sodass er die negativen Emotionen wie Angst, Neid und das Gefühl von innerer Einsamkeit einfach zur Seite schob. Er wurde zwar zum beruflichen Gestalter seines Lebens, verlernte aber, seine innere Stimme, seine Gefühle wahrzunehmen und sich neu zu orientieren.

Übung »Hier wohnt meine Stärke«, S. 151

Auf Kurs bleiben

Auf den ersten Blick gibt es keine Gemeinsamkeiten zwischen Bruno, dem Erdulder, der sich in sein Schicksal fügt, und Klaus, dem fast alles gelingt. Und doch gibt es sie. Beide starteten mit der guten Absicht, die überzeugenden Gründe zum Glücklichsein zu suchen, und beide erlitten auf dem Weg Schiffbruch. Dabei hätten sie sogar beste Voraussetzungen zum Glücklichsein gehabt. Sie waren klug und geschickt und hatten auch genügend Optimismus im Handgepäck. Bruno scheiterte, weil er zu schnell und zu früh aufgab und die Herausforderungen nicht annahm. Klaus nahm zwar die Herausforderungen an, gab aber nicht rechtzeitig auf, um den Kurs wirklich zu ändern.

Mir fällt in diesem Zusammenhang der Dichter Herodot aus der Antike ein. Bei einem Zusammentreffen von Krösus mit

Solon fragte der reiche Krösus Solon, wen er für einen glücklichen Menschen halte. Er hoffte natürlich, dass er ihn, den wohlhabenden Krösus, nennen würde. Falsch. Nachdem er einige verstorbene Heroen aus dem alten Athen aufgezählt hatte, sagte er, dass man erst nach dem Ableben sagen könne, ob der Mensch glücklich war oder nicht. Herodot will damit sagen, dass das Streben nach Glück nie ein Ziel hat, sondern immer nur den Weg dorthin beschreibt.

Wir müssen also stets prüfen: Sind wir noch auf dem Weg oder bereits auf Abwegen? Sind unsere gegenwärtigen Haltungen und Handlungen geeignet, unser Glück zu begünstigen, oder sind sie ihm abträglich? Dazu brauchen wir neben dem Verstand unsere Emotionen. Ähnlich wie ein Lotse, der die Seefahrer in den sicheren Hafen leitet, können die mit Haltungen und Handlungen verbundenen Emotionen sehr hilfreich sein. Dazu müssen wir sie aber wahrnehmen. Unsere Körperempfindungen sind eine wertvolle Ressource, die wir uns in den Übungen, die wir im Rahmen unserer »Glückskurse« anbieten, zunutze machen.

Das gebrannte Kind scheut das Feuer, heißt es im Volksmund. Das gilt für die heiße Herdplatte genauso wie für die Vermeidung bestimmter sportlicher Tätigkeiten nach einer Blamage oder nach einer Bloßstellung durch den Sportlehrer. Wenn das einmal passiert, kann man sich beim nächsten Mal noch überwinden. Passiert es aber immer wieder, entsteht eine Vermeidungshaltung in der Form, diese Übung oder jene Sportart künftig nicht mehr auszuüben. Umgekehrt ermutigen uns schöne Erlebnisse zu immer neuen Versuchen. Die meisten Menschen küssen zum Beispiel sehr gerne und können sich oft noch an den ersten Kuss erinnern.

Zurück zu Bruno und Klaus: Bruno lernte vor allem zu vermeiden. Die ungewohnte Anstrengung im Studium und die ersten Misserfolgserlebnisse veranlassten ihn, nach vermeintlich einfachen Wegen Ausschau zu halten. Dabei hätte er bei einiger Anstrengung gut seinen Weg machen können. Klaus suchte den Erfolg und fand ihn. Er wurde für seine Anstrengung durch wachsendes Ansehen und materielle Güter belohnt und lief am Ende wie ein Hamster im Rad, bis er schließlich vor Erschöpfung zusammenbrach. Beide waren leider nicht in der Lage, ihre Haltung zu verändern. Da helfen oft weder das gute Zureden der Partner oder Freunde noch deren Drohungen. Aristoteles bringt es auf den Punkt: Verstand kann man belehren, aber Charakter muss man üben. Hier können wir uns selbst auf die Sprünge helfen, den Anteil in uns, der vor dem scheinbar unüberwindlichen Hindernis angstscheu ins Stocken gerät, mit einem wohlwollenden Blick immer wieder bis an den Rand der Herausforderung heranführen.

Woher aber weiß ich, wo ich in Übereinstimmung mit mir selbst beginne? Welche Hürde will ich beherzt nehmen und auf welche will ich verzichten, weil sie nicht zu meinem Parcours gehört? Dazu müssen Sie

- erstens in sich hineinhören, sich selbst wahrnehmen, eigene Stärken und Potenziale entdecken;
- zweitens die wahren Motive Ihres Handels erkunden;
- drittens die Fähigkeit entwickeln, klare Entscheidungen für oder gegen bestimmte Ziele zu treffen;
- viertens herausfinden, ob das angestrebte Tun zielfördernd oder dem Ziel abträglich ist;
- fünftens während des Tuns genießen, sich notfalls aber auch ermutigen oder gegebenenfalls gedulden;
- sechstens am Ende der Handlung innehalten und sich

freuen, wenn Sie erfolgreich waren, aber auch Niederlagen wegstecken können oder sie als Stachel des Ansporns für neue Taten sehen.

In den folgenden Kapiteln erfahren Sie, wie Sie herausfinden, was Sie wirklich können und tatsächlich wollen, und vor allem, wie Sie es erreichen.

Stärken suchen

Wir können nicht verhindern,
dass die Vögel der Sorgen um unseren Kopf kreisen,
aber wir können verhindern,
dass sie Nester in unseren Haaren bauen.
Chinesisches Sprichwort

Manchmal erscheint es uns so, als wären andere Menschen von der Natur mit allen positiven Eigenschaften und Lebenseinstellungen beschenkt. Ihnen gelingt einfach alles oder zumindest erscheint es Ihnen und anderen so. Niederlagen verkraften sie fast mühelos und ihre gute Laune wirkt ansteckend. Beneidenswerte Glückskinder, wie es scheint. Dabei lassen wir uns nur allzu oft von den schauspielerischen Fähigkeiten unserer Mitmenschen täuschen, die bloß nicht als Sauertopf gelten wollen. Bruno war es letztlich schon fast egal, wie gemütlich sich die Vögel der Sorgen in seinen Haaren eingenistet hatten, und machte auch keinen Hehl daraus. Dagegen hatte Klaus über die Sorgenvögel auf seinem Haupt das Tarnkäppchen des materiellen Wohlstands als Ersatzglück übergestülpt und die Tarnung bevorzugt.

Aber gibt es sie wirklich, die natürliche Veranlagung zur Frohnatur? Sicher gibt es günstige Veranlagungen, zum Beispiel im Hinblick auf Zuversicht, Mut, Gelassenheit oder soziale Aufgeschlossenheit. So stimmen die Grundhaltungen von getrennt aufgewachsenen, eineiigen Zwillingen eher überein als die von zweieiigen Zwillingen. Allerdings haben die genetischen Vorgaben nach Sonja Lyubormirsky von der Riverside University in Kalifornien höchstens 50 Prozent Einfluss auf unser tatsächliches Verhalten. Am Horizont des aktuellen Wissenstandes in den Neurowissenschaften überraschen diese Ergebnisse aus der Zwillingsforschung kaum noch. Erkenntnisse aus dem relativ jungen Forschungsbereich der Epigenetik weisen auf die Veränderbarkeit von Erbanlagen durch bestimmte Verhaltensweisen hin. Ebenso wurde der wissenschaftliche Nachweis erbracht, dass die Strukturen in unserem Gehirn, die neuronalen Netze, von dem, was wir tun oder lassen, maßgeblich geprägt werden. Vielleicht werden Sie jetzt einwenden, dass es aber Ereignisse gibt, die schicksalhaft sind und jemanden aus der Bahn werfen können. Zum Glück lässt aber das Schicksal uns Menschen dank unserer Anpassungsfähigkeit eine größere Chance als gedacht. Der Einfluss von günstigen oder ungünstigen Ereignissen auf unsere Lebenseinstellungen und damit indirekt auf unser Wohlbefinden beträgt gerade mal 10 Prozent. Selbst ein Lottogewinn macht uns deshalb leider nur für kurze Zeit glücklich, aber umgekehrt können uns dafür auch die körperlichen Folgen eines Unfalls psychisch weniger anhaben, als vielleicht zu vermuten wäre. Die gute Nachricht zum Schluss: Es bleiben uns also mindestens noch 40 Prozent Gestaltungsspielraum oder, besser gesagt, Verhaltensspielraum, um gute Voraussetzungen für Lebensfreude zu schaffen.

Dabei helfen uns der sogenannte gesunde Menschenverstand und die Lebenskompetenz, insbesondere, wenn es um die Wahrnehmung und Schaffung von Rahmenbedingungen für unsere Lebenszufriedenheit geht. Wir wissen, spätestens nach den Erfahrungen der ersten Hälfte des letzten Jahrhunderts, dass Freiheit und Sicherheit existenzielle staatliche Grundlagen für Lebenszufriedenheit sind und wir als mündige Bürger alles dafür tun müssen, um sie zu erhalten. Wir wissen auch um die Notwendigkeit von guten Ausbildungen und Abschlüssen für die Ausübung unseres Berufes. Ebenso klar ist, dass wir zumindest finanzielle Vorsorge für die berechenbaren und unberechenbaren Ereignisse des Lebens treffen sollten. Nun geht es aber nicht nur darum, das Leben verstandesmäßig irgendwie zu meistern, zu schultern, sondern bei diesem Schaffen Freude und Lust zu erleben. Inwieweit dies gelingt, hängt vor allem davon ab, welche Erfahrungen wir bei unserem Tun oder Lassen und in der Begegnung mit unseren Mitmenschen machen und schon gemacht haben und welche Stimmungen dabei entstanden sind. Wenn wir uns wohlfühlen, dann suchen wir die Wiederholung, dann gelingt es uns leicht, uns zu motivieren. Umgekehrt führt das Unwohlsein beim Erleben eher zur Vermeidung von bestimmten Handlungen oder Begegnungen. Durch die im Lauf unseres Lebens gemachten emotionalen Erfahrungen und unsere individuellen Bewältigungsstrategien bilden sich so unverwechselbare charakterliche Eigenschaften und Stärken heraus.

Es lohnt sich im Sinne einer Stärkung unserer Ressourcen, uns anzusehen, was unsere ganz persönlichen Eigenschaften sind und über welche inneren Stärken wir verfügen. Das Gefühl von Geborgenheit und Vertrauen entsteht durch intakte Beziehungen zu liebevollen Menschen. Die Forschungsergebnisse aus der Entwicklungspsychologie, insbesondere der Bindungstheorie, zeigen, wie bestimmend dabei die Kontaktgestaltung durch unsere frühen Bezugspersonen ist. Gleichzeitig ist es aber nie zu spät, unsere Beziehungen gelingend zu gestalten. Wer nicht wagt, der nicht gewinnt. Das geht aber nur mit den Stärken Engagement, Zuversicht und Selbstvertrauen. Dazu gehören außerdem noch persönliche Schutzfaktoren, die verhindern, dass wir bei jeder Krise in Katastrophenstimmung verfallen. Vielmehr dürfen wir sie als Herausforderung begreifen. Wir können das Leben als komplexes Gebilde annehmen, das eine Fülle von Ereignissen bereithält, die es zu verstehen gilt. Wir sind eingeladen, unsere Eigenverantwortlichkeit als eine befreiende Entdeckung zu feiern.

Dass Stärken und Wohlbefinden zusammengehören, haben wir von den alten Griechen gelernt. In Platons Katalog finden wir sie als Tugenden wie Weisheit, Mäßigung, Gerechtigkeit und Mut. Zusammen mit den drei christlichen Tugenden, Glaube, Liebe, Hoffnung, sind so die sieben Kardinaltugenden entstanden. Tugenden sind Fähigkeiten, die im Innern des Menschen ruhen und mit denen er versucht, das Gute im Leben zu erreichen, also für ihn wichtige Werte zu verfolgen. Das Wort Tugend kommt von dem Wort »taugen«. Tugendhaftigkeit heißt im Lateinischen »virtus« und dies kommt ursprünglich von dem Wort »vir«, das »der Mann« bedeutet. Der Mann, genauer gesagt »der Krieger«, sollte damals vor allem Träger von Tugenden sein. Tugenden werden heute im Allgemeinen mit dem Besitz positiver Charaktereigenschaften in Verbindung gebracht.

Das Anknüpfen an die alten Tugenden wie Pünktlichkeit, Ordnung und Fleiß will ich hier einmal ausklammern, denn diese preußischen Tugenden muten vielleicht etwas altmodisch an, haben aber durchaus auch einen modernen wissenschaftlichen Bezug. Peterson und Seligman haben in Anlehnung an die sieben erwähnten Kardinaltugenden sechs Tugenden zur Klassifizierung von persönlichen Charakterstärken benannt. Sie unterscheiden Weisheit, Mut, Menschlichkeit, Gerechtigkeit, Mäßigung und Transzendenz und haben diesen Tugenden passende Charakterstärken zugeordnet. So gehören ihrer Meinung nach zu Weisheit und Wissen auch Neugier, Kreativität, Urteilsvermögen, Liebe zum Lernen und die Weitsicht. Dem Mut ordnen sie Tapferkeit, Ausdauer, Authentizität und Enthusiasmus zu. Mit Menschlichkeit verbinden sie Freundlichkeit, Bindungsfähigkeit, Soziale Intelligenz. Zur Gerechtigkeit zählen sie Teamwork, Fairness und Führungsvermögen. Die Tugend der Mäßigung umfasst Bescheidenheit, Vergebungsbereitschaft, Vorsicht und Selbstregulation. Ein Sinn für das Schöne, die Dankbarkeit, die Hoffnung, den Humor und die Religiosität werden der Tugend Transzendenz zugeordnet. Um die Schlüsselstärken der Probanden zu ermitteln, untersuchten Peterson und Seligman die innere Aufgeregtheit, die Lernbereitschaft und die Motivation der Teilnehmer, als es darum ging, die Stärken tatsächlich einzusetzen. In mehreren Studien konnten die Wissenschaftler nachweisen, dass es einen Zusammenhang zwischen der Ausprägung der 24 Stärken und der Lebenszufriedenheit gibt.

Eine Studie des VIA Institute on Character ergab, dass vor allem die Schlüsselstärken Dankbarkeit, Hoffnung, Optimismus, Enthusiasmus, Lebensfreude, Neugier, Bindungsfähigkeit und die Fähigkeit zu lieben besonders viel zur Lebenszufriedenheit beitragen. Die Persönlichkeitspsychologen der Züricher Universität (ETH) entwickelten deshalb auf dieser Grundlage ein Trainingsprogramm zur Förderung von Schlüsselstärken. Nach Willibald Ruch kommt es im Wesentlichen darauf an, sich seiner Stärken bewusst zu werden und diese auszuweiten. Diejenigen, die schon stark ausgeprägt sind, dürfen wohltuend ausgelebt werden, während die weniger ausgeprägten guten Charaktereigenschaften trainiert werden sollten. Mittlerweile gibt es Hinweise, dass das Training Wirkung zeigt und tatsächlich zufriedener macht. So könnte der wissenschaftlich neugierige Lehrer, der an seiner Authentizität arbeitet und sich nicht hinter einer Maske des Allwissenden verbergen muss, mit seiner Echtheit nicht nur die Schüler besser motivieren, sondern auch mehr Freude am Beruf empfinden.

Die gute Nachricht der modernen Charakterforschung ist also, dass die Förderung und intensive Nutzung der eigenen Stärken auch früher oder später zu einer positiven Veränderung der Lebensbedingungen führen: Sie wollen beispielsweise mehr Verantwortung im Beruf übernehmen, neue Freunde und Bekannte finden oder vielleicht ein neues Hobby entdecken. Um nun selbst herauszufinden, welche Stärken schwächer und welche stärker bei Ihnen ausgeprägt sind, findet sich im Internet auf der Website *www.charakterstaerken.org* von Willibald Ruch ein Katalog von 240 Fragen, mit dem Sie die drei bis sieben besonders stark ausgeprägten Stärken herausfinden. Diese sogenannten Schlüsselstärken, auch Signaturstärken genannt, sollen Ihnen Aufschluss über sich selbst geben: »Das bin wirklich ich.«

Ich traf Willibald Ruch im Juli 2011 auf einem Kongress für Positive Psychologie in Zürich. Seine Ausführungen haben mich so neugierig gemacht, dass ich den Test, der etwa eine halbe Stunde dauert, sofort an mir ausprobiert habe. Die digitale Auswertung des Tests hob als besondere Schlüsselstärken meine Bindungsfähigkeit, Kreativität,

Neugier und Ausdauer hervor. Als ich die Auswertung las, erinnerte ich mich wieder an die Widmung meines Deutschlehrers in einem Buchgeschenk aus dem Jahre 1969 – »Sie werden im Leben noch viel erreichen, weil Sie klug, stark und ausdauernd sind«, hatte er damals geschrieben. Klugheit hatte mir bis dahin niemand bescheinigt. Auch hätte ich meine Neugier nie in Verbindung mit Klugheit gebracht. Ausdauer und Stärke oder, besser gesagt, Engagement waren für mich bis dahin zwar im Sport wichtig, aber ich kam nicht auf die Idee, dass sie auch in der Schule, im Studium oder Beruf nützlich sein könnten. Ich fühlte mich damals in der Schule eher als verkanntes Genie, dem man weder das Abitur noch ein akademisches Studium zutraute. Am wenigsten ich selbst. Dass meine Neugier in allen Fragen außerhalb der Schule, meine Kreativität und meine Aufgeschlossenheit gegenüber Menschen, die mir begegneten, etwas mit Weisheit und Wissen zu tun hatte, war mir bis dahin verborgen geblieben. Durch die mir entgegengebrachte Wertschätzung hat mir jener Lehrer die Augen geöffnet und mich dadurch inspiriert und ermutigt, einen Weg zu gehen, den ich mir bis dahin nicht zugetraut hätte. Dieses Erlebnis machte mich damals nachdenklich, es hat mich gewissermaßen wachgerüttelt und ließ mich in eine neue Zukunft aufbrechen. Mut und Ausdauer haben mich bisher durch mein gesamtes Leben geführt und mir geholfen, alle meine kleinen und großen Lebensziele zu erreichen. Übrigens hat der Ausdauersport mich stets begleitet und wesentlich zu meinem Wohlbefinden beigetragen. Als ich mich im Jahr 2000 um die Schulleiterstelle an unserer Schule bewarb und nicht sicher sein konnte, ob ich wirklich ausgewählt werden würde, habe ich mir ein zweites Ziel vorgenommen: Ich meldete mich im selben Jahr zum Triathlon in Roth an. Da waren Ausdauer und Mut gefragt. Schließlich galt es,

3,8 Kilometer zu schwimmen, 180 Kilometer mit dem Rad zu fahren und abschließend einen Marathon mit 41,3 Kilometern zu absolvieren. Ich wählte diese extreme Herausforderung, um einen körperlichen Ausgleich zur psychischen Anspannung, die das langwierige Bewerbungsverfahren mit sich brachte, zu schaffen. Außerdem dachte ich, wenn ich gleichzeitig ein sportliches und ein berufliches Ziel formuliere, erhöht sich die Wahrscheinlichkeit, wenigstens eines der beiden Ziele zu erreichen. Ich wurde für meine Anstrengungen und die Aktivierung meiner Stärken belohnt. Im Sommer 2000 konnte ich innerhalb einer Woche erst den Ironman erfolgreich bestehen und direkt danach meine Ernennung als Schulleiter entgegennehmen.

Dass Charakterstärken insbesondere im Sport eine große Rolle spielen, konnte ich auch bei meiner Tätigkeit als sportpsychologischer Berater der Jugendabteilung der TSG 1899 Hoffenheim erfahren. Seit 2011 bin ich unter anderem Mitglied der Nachhaltigkeitskommission Bildung beim Deutschen Fußballbund. Diese Kommission hat es sich zur Aufgabe gemacht, junge Menschen nicht nur sportlich zu fördern, sondern auch charakterlich zu festigen. Persönlichkeitsbildung soll deshalb zunächst fester Bestandteil in der Trainerausbildung werden, damit Charakterbildung auf diesem Weg einen Zugang zum fußballerischen Training findet. Es lag nahe, die erwähnten Charakterstärken als Grundlage in die Weiterbildung aufzunehmen und sie spielerisch umzusetzen. Gerade im Mannschaftssport gelingt dies besonders gut, weil beispielsweise Fairness, Mut, Gerechtigkeit und Weisheit im Zusammenwirken der einzelnen Spieler der Mannschaft als gut und wichtig erfahren werden können. Wir haben dazu Trainingseinheiten entwickelt, die zeigen, wie spielerisches Können und Charakterstärken zusammenpassen und dazu auch noch Freude machen können. Im Herbst 2012 beginnt ein Pilotversuch, bei dem zunächst die Trainer im Selbstversuch erfahren dürfen, wie Charakterstärken mit Lebensfreude und Erfolg eng verknüpft sind. Ich glaube, Platon hätte seine helle Freude daran, wenn er sehen könnte, welche Bedeutung seine Tugenden im modernen sportlichen Geschehen wiedererlangen.

Aus diesen Erfahrungen und aus eigenem Erleben kann ich Ihnen deshalb nur dringend anraten, sich auf die Suche nach Ihren Schlüsselstärken zu machen, sie auszuleben und andere wichtige Stärken weiter auszubauen.

Möglicherweise bereiten Ihnen die 240 Testfragen für die eigene Erkundung zu viel Mühe oder sie erscheinen Ihnen langweilig und Sie wollen deshalb gar nicht anfangen oder schnell aufhören. Das macht nichts, es gibt andere Wege, das Wichtigste über seinen Charakter herauszufinden. Dafür gibt es Ehepartner, Freunde, Arbeitskollegen oder, wie in meinem Beispiel, manchmal sogar Lehrer. Wenn Sie unsicher sind, jemanden in Ihre Suche einzuweihen, empfehle ich Ihnen, eine Liste mit mehreren Spalten anzufertigen. In die erste Spalte schreiben Sie Tätigkeiten, die Sie oft und gerne ausführen. In der zweiten Spalte beschreiben Sie Ihre Gefühle und Stimmungen beim Ausführen der Tätigkeiten. Unterstreichen Sie Tätigkeiten, bei denen Sie eine innere Erregung verspüren, die Zeit vergessen oder die Sie besonders stolz machen. In der dritten Spalte notieren Sie, welche besondere charakterliche Stärke aus dem Katalog der 24 Signaturstärken die Ausführung der Tätigkeit erfordert oder begünstigt. Im Idealfall entdecken Sie so Ihre drei bis sieben Schlüsselstärken. Jetzt versuchen Sie, im Hinblick auf die herausgefundenen Stärken folgende Fragen zu beantworten: Wer sind Ihre Vorbilder, und welche Stärken haben diese? Wann war Ihnen die eigene Stärke besonders nützlich? Wie haben Sie bemerkt, dass

Sie die eigene Stärke nutzen? Woran könnten Ihre Mitmenschen Ihre Stärke erkennen? Wenn Sie herausgefunden haben, welche Stärken besonders zu Ihnen passen, wählen Sie einen Gegenstand in Ihrer Wohnung, der stellvertretend eine Ihrer Stärken darstellt. Bei jedem Vorübergehen betrachten Sie den Gegenstand und machen sich bewusst, bei welcher Tätigkeit diese Stärke Ihnen hilfreich sein kann.

Damit Ihnen die Nutzung Ihrer Stärken bewusst wird, lohnt es sich auch, kleine Steinchen in der rechten Hosentasche aufzubewahren. Suchen Sie sich für den Tag nun eine Stärke aus und beobachten Sie sich. Jedes Mal, wenn Sie diese Stärke nutzen, befördern Sie ein Steinchen von der rechten Hosentasche in die linke. Am Abend zählen Sie Ihre Beute. Sie werden staunen, wie viele Steine Sie auf diese Weise »ins Rollen« gebracht haben.

Was aber, wenn Sie Ausschau nach anderen Stärken halten wollen, um aus Träumen Wirklichkeit werden zu lassen? Seien Sie beruhigt: Charakterstärken sind veränderbar. Jede Stärke lässt sich bewusst und gezielt trainieren. Zunächst gilt es aber zu prüfen, ob der Traum unsere Anstrengungen verdient oder ob er, wie so oft, dem gnädigen Vergessen überlassen bleiben sollte.

Übung »Die Riesen in mir«, S. 154

Übung »Stärke-Steine ins Rollen bringen«, S. 155

Es ist nie zu spät, eine glückliche Kindheit gehabt zu haben

»Wer Visionen hat, sollte zum Arzt gehen.« Dieser Satz gehört zu den knackigen Sätzen unseres Altbundeskanzlers Helmut Schmidt, die er im Bundestagswahlkampf 1980 anbrachte. Viele meinten damals, dass dieser Ausspruch auf seinen Parteikollegen und Vorgänger Willy Brandt gemünzt gewesen sei. Skeptisch betrachtet werden Visionen oft in die Nähe von Halluzinationen oder krankhaften Sinnestäuschungen gerückt. Im weiteren Sinn bedeuten Visionen aber Vorstellungen, die vor unserem inneren Auge quasi als Kopfkino ablaufen und entweder als visuelle Erinnerung Bilder oder Bildfolgen aus der Vergangenheit wieder aufleben lassen oder uns – zukunftsbezogen – erwartungsfroh oder erwartungsängstlich stimmen. Vorstellungen entstehen durch unsere sinnlichen Erfahrungen, unsere Erlebnisse, die wir hatten. Durch die Kraft unserer Gedanken können wir sie erlebnisgetreu wieder aufleben lassen oder durch unsere Fantasie mit anderen Erlebnissen verknüpfen und abändern. Tatsächlich bestimmt uns das von der Gegenwart losgelöste Denken, das »Hätte, Wäre und Könnte«, mehr, als wir annehmen. Nicht genutzte Chancen im Leben schmerzen noch Jahre danach. Die Bahn, die just in dem Augenblick losfährt, in dem ich auf den Bahnsteig trete. Fast hätte ich sie noch erreicht und vielleicht wäre dann alles anders gekommen und ich könnte mich bequem im Speisewagen ausbreiten, statt stundenlang auf dem kalten Bahnhof auf den nächsten Zug zu warten. Woher kommt es, dass wir uns so viele Gedanken über »ungelegte Eier« machen müssen? Die Erklärung ist sehr einfach – die Evolution hat uns als Mitgift eine besondere Gabe geschenkt: die

Fähigkeit zum »kontrafaktischen Denken«. Wir haben im Verlauf der menschlichen Entwicklung gelernt, uns losgelöst von der Realität Erlebnisse vorzustellen. Mit unserer Vorstellungskraft sollen wir uns auf den Weg machen, uns Dinge auszudenken, die es vorher noch nicht gab. Angefangen bei der Erfindung des Rades bis hin zu den Weltraumexpeditionen und der Idee von der Landung auf dem Mars. Die größten Abenteuer finden nach wie vor im Kopf statt. Für die Fähigkeit, uns die Zukunft auszumalen, müssen wir allerdings auch in Kauf nehmen, dass die zurückliegenden Erlebnisse ebenso in unserer Vorstellung wieder auftauchen. Vor allem die weniger glücklichen Erfahrungen können uns noch lange beschäftigen und durch ihr fortwährendes Auftauchen und das damit verbundene Grübeln sogar geißeln.

Die Natur hält zwar den Bonus des gnädigen Vergessens für uns bereit und taucht die Vergangenheit in ein warmes Licht, aber leider betrifft das nicht alle Erlebnisse. Manche Erfahrungen, insbesondere negative, tauchen als Stachel immer wieder in unserem Gedächtnis auf und behindern unser Wohlbefinden und unsere persönliche Entwicklung. Daneben gibt es Erlebnisse, bei denen sich die bewusste Wahrnehmung von der emotionalen Einfärbung unterscheidet. Hier stimmen die empfangenen Botschaften nicht mit dem gefühlten Erleben überein. Das passiert in unserem Alltag wahrscheinlich öfter und ist völlig unproblematisch. Es kommt nur darauf an, dass wir die bewusst wahrgenommenen und die unbewussten Anteile der Botschaft wirklich unterscheiden und unser Handeln darauf einstellen können. Im Konsumbereich haben wir größtenteils gelernt, mit diesen Doppelbotschaften gut umzugehen. Deshalb reagieren wir manchmal sogar barsch auf den Verkäufer, der mit

»Engelszungen« und einer »Charme-Offensive« sein Produkt anpreist, nur um uns über den Tisch zu ziehen. Schwieriger wird die Unterscheidung, wenn wir die Doppelbotschaften als Kinder von Menschen bekamen, zu denen wir eine starke Bindung hatten. Wenn Kinder erleben, dass ihnen ihre Eltern auf der bewussten und verbalen Ebene etwas anderes vermitteln als auf der Gefühlsebene, dann sind sie nicht dazu in der Lage, die widerstreitenden Botschaften des Hörens und Fühlens in Einklang zu bringen. Wenn Eltern aus vermeintlicher Fürsorge eine harmonische Ehe vorheucheln, obwohl sie zerstritten sind, dann wird das Kind die Dissonanz spüren, aber keine Erklärung dafür haben. Im Lauf unseres Lebens gibt es neben den direkten körperlichen und seelischen Verletzungen eine Reihe von Belastungen, die wir nicht direkt zuordnen und deshalb auch nicht auflösen können. Sie begleiten uns als Hypotheken aus der Vergangenheit und behindern unsere Entfaltung.

Im Rahmen meiner Tätigkeit als sportpsychologischer Coach begegnete mir vor zwei Jahren Tim. Tim war damals 22 Jahre alt und spielte in einer Amateurmannschaft unserer Region Fußball. Tim stammt aus einer fußballbegeisterten Familie, in der schon der Vater und der Großvater erfolgreiche Fußballspieler waren. Der Vater hätte es beinahe sogar ins Profilager geschafft, wenn ihn nicht eine Sportverletzung ausgebremst hätte. Vielleicht setzte er deshalb alles auf die Karriere seines Sohnes, wurde ehrenamtlicher Trainer der Jugendabteilung von Tims Verein und begleitete seinen Sohn von da an durch alle Stationen des Jugendbereichs. Das ist an sich nichts Besonders. Fußballbegeisterte Eltern begegnen mir durch meine Arbeit im Jugendbereich der TSG 1899 Hoffenheim sehr häufig. Oftmals hegen diese

Eltern große Hoffnungen, was die Karriere ihrer Söhne betrifft. Leider können nicht alle Erwartungen erfüllt werden. Dann heißt es sich mit der Realität abfinden. In Tims Fall gelang dies leider nicht, deshalb rief mich sein Vater an und bat mich um Unterstützung. Als ich Tim das erste Mal begegnete, war ich überrascht über seine souveräne Außendarstellung. Ich konnte mir kaum vorstellen, dass dieser selbstsicher wirkende junge Mann Probleme haben sollte. Erst im Verlauf des Gesprächs erfuhr ich, dass er nicht nur sportlich, sondern auch schulisch wenig erfolgreich war. Bisher hatte er gerade auf der Abendschule den mittleren Bildungsabschluss geschafft und eine Ausbildungsstelle als Bürokaufmann im Betrieb eines Freundes des Vaters angetreten. Der Ausbildungsvertrag sollte allerdings im gegenseitigen Einvernehmen zum Monatsende aufgelöst werden. Sehr zum Leidwesen der Eltern. Sportlich lief es auch nicht sonderlich gut. Tim saß meistens als Ersatzspieler auf der Bank und verspürte größte Lust, die Fußballschuhe an den Nagel zu hängen. Als Begründung gab er an, dass er die ungerechte Behandlung durch den Trainer satthabe. Er sei der Fleißigste im Training und ein zuverlässiger Verteidiger, und dennoch würden andere vorgezogen. Ich fragte ihn, warum er dann nicht lieber wechseln würde, statt ganz aufzuhören. Tim holte in seiner Erklärung weit aus und beschrieb, wie er überhaupt zum Fußballspielen gekommen sei. Der Vater habe ihn seit seiner frühesten Kindheit immer für sein fußballerisches Talent gelobt und sich für ihn stark gemacht. Er habe es sogar geschafft, dass er mit 15 Jahren in die Länderauswahl berufen worden sei. Fußball sei damals für ihn das Wichtigste auf der Welt gewesen. Deshalb habe er auch die Schule kurz vor der mittleren Reife abgebrochen, um sich stärker dem Fußball zu widmen. Leider blieben die Erfolge aus, sodass er am Ende froh gewesen sei, in der Amateurmannschaft des kleinen Vereins unterzukommen. Irgendwie hätte er sich immer so saft- und kraftlos gefühlt. Die Eltern, vor allem die Mutter, hätten ihn dann gedrängt, den Abschluss in der Abendrealschule zu machen. Auch die Ausbildung zum Bürokaufmann sei die Idee der Eltern gewesen. Ich fragte nun Tim, ob er seinen Vater als sehr ehrgeizig erlebe. Tim nickte bedeutungsvoll. Ich fragte ihn dann weiter, wie sein Vater auf den mehr oder minder großen Karriereknick im Fußball reagiert habe. Tim überlegte kurz und antwortete, dass er sehr verständnisvoll gewesen sei und immer an sein Talent geglaubt habe. Nie sei ein Wort des Zweifels über seine Lippen gekommen, im Gegenteil, er habe ihn ermuntert weiterzumachen und zu kämpfen. Diesen Rat habe er befolgt. Ich fragte ihn weiter, wie seine Eltern mit der Auflösung des Ausbildungsvertrages umgehen würden. Tim antwortete, dass die Mutter wahrscheinlich weinen würde und der Vater eher verständnisvoll reagieren könnte. Ich fragte ihn dann: »Und du, wie geht es dir dabei?« Ich bekam keine Antwort, stattdessen zuckte Tim nur mit den Schultern. Ich bat ihn als »Hausaufgabe«, auf einem Blatt eine diagonale Linie von links unten nach rechts oben einzuzeichnen. Auf dieser Linie sollte er stellvertretend für glückliche Ereignisse Punkte einzeichnen. Anschließend sollte er die Personen zu den Ereignissen hinzufügen, die zum glücklichen Ereignis etwas beigetragen haben. Am Ende sollte er auch noch die dazugehörigen Daten ergänzen und das Blatt zum nächsten Treffen mitbringen.

Eine Woche später erschien Tim zur Fortsetzung unseres Gesprächs. Ich fragte ihn, wie er sich fühle und wie es ihm mit der Hausaufgabe ergangen sei. Tim antwortete: »Eigentlich geht es mir gut, weil ich viele schöne Erinnerungen hatte.« – »Das freut mich sehr für dich«, erwiderte ich, aber vermied es, weiter darauf einzugehen.

Der Mann im Tal

Ich erzählte Tim die Geschichte, die mir einst mein Vater erzählt hat und deren Autor mir bis heute unbekannt geblieben ist. Sie handelt von einem Mann, der in einem tiefen und dunklen Tal wohnte und der sich eines Tages von der Sehnsucht nach Licht und Sonne getrieben auf den Weg machte, den nahe gelegenen Berggipfel zu ersteigen, um von dort aus die Sonnenauf- und -untergänge genießen zu können. Während er anfangs noch flott vorankam, verlangsamte sich sein Schritt zunehmend, bis er vor Erschöpfung kaum noch gehen konnte. In dieser hoffnungslosen Situation hörte er hinter sich eine Stimme, die ihn nach seinem Ziel fragte. Er drehte sich um und entdeckte einen leichtfüßigen, gut gelaunten Spaziergänger. Als der Mann aus dem Tal sein Ziel, den Gipfel und die Beobachtung der Sonnenauf- und -untergänge, nannte, musste der Spaziergänger laut lachen und machte ihn darauf aufmerksam, dass er sein Ziel nie erreichen könne, wenn er weiterhin die schweren Holzstämme unter seinen Armen tragen würde. Daraufhin schaute unser Mann unter seine Arme und entdeckte die schweren Stämme. Er ließ sie augenblicklich fallen und ging erleichtert seines Weges. Ein ganzes Stück weiter oben kam er an einem Bauernhof vorbei. Er fragte, ob er ein Glas Wasser haben könne. Der freundliche Bauer gab dies gerne und fragte anschließend, wohin er wolle. Als unser Mann aus dem Tal antwortete, dass sein Ziel der Gipfel sei, lachte der Bauer und erklärte ihm, dass seine Familie öfters auf den Gipfel ginge, allerdings nur mit einem kleinen Rucksack und mit leichtem Gepäck. Er möge doch einmal nachschauen, was er aus seinem Rucksack entbehren könne. Da stellte er fest, dass er eine Menge schwerer Steine mit sich trug. Nachdem unser Mann alle überflüssigen Steine herausgenommen hatte, fühlte er, wie leicht sein Rucksack nun war, und machte sich dankend und erleichtert auf den Weg. Dieser führte ihn über die Almen und dort begegnete ihm ein freundlicher Schäfer. Die beiden kamen ins Gespräch und unser Mann erklärte seine Absicht, auf dem Gipfel die Sonnenauf- und -untergänge zu bestaunen. Der Schäfer klopfte ihm auf die Schulter und sagte ihm, dass er den Gipfel zwar erreichen könne, aber die Sonnenauf- und -untergänge nie sehen würde, weil ihm die Sicht durch die Tomaten, die er unter seinem Hut hatte, versperrt würde. Die Tomatenmatsche, die ihm schon über Stirn und Augen lief, würde ihm den Blick für das wirklich Schöne verstellen. Unser Mann fasste sich an den Kopf, und tatsächlich waren Haare, Stirn und Augen überzogen von einer matschigen roten Tomatenpampe. Er reinigte sich gründlich, bedankte sich und ging nun mit erhelltem Blick weiter hinauf zum Gipfel, um die Sonnenauf- und -untergänge zu genießen. Es gibt Menschen, die behaupten, dass er sich noch immer da oben befände und jeden Tag aufs Neue entzückt sei über die wunderbare Sicht und die Sonne, wie sie morgens auf- und abends untergeht.

Jetzt betrachteten wir das mitgebrachte Blatt mit der diagonalen Linie und den diversen Daten und Namen. Ich war erstaunt, wie wenig glückliche Augenblicke vom Fußball – von dem Spiel in der Länderauswahl abgesehen – auf seinem Bogen zu finden waren. Stattdessen waren besondere Freunde und die Erlebnisse mit ihnen vermerkt. Auch der Großvater tauchte auf, in dessen Schlosserei sich Tim mehrfach künstlerisch betätigt hatte. Die Linie endete mit einem Herzen und dem Namen Rebecca. Ich bat ihn, nun auf einem neuen Blatt eine weitere Diagonale einzuzeichnen und die Blätter so auf den Tisch zu legen, dass sich die beiden Linien zu einer langen Linie von ganz links unten nach ganz rechts oben verbinden würden. Danach lud ich ihn zu einer Fantasiereise in das Jahr 2020 ein. In einem imaginierten Film, dessen Hauptdarsteller er war, durfte er eine Zeitreise starten. Am Ende bat ich ihn, die Jahreszahl oben rechts einzutragen. Danach fragte ich ihn, ob er mir von der Fantasiereise etwas berichten wolle. Ohne zu zögern, berichtete Tim von seinem Kopfkino und dem darin abgelaufenen Film, der mit einem Happy End, der Hochzeit mit Rebecca, endete. »Das ist doch eine wunderbare Aussicht«, ergänzte ich. Ich fragte weiter, welchen Ballast er auf diesem Weg noch abwerfen müsste. Die Antwort war, er wolle den Krampf aus seinen Beinen und den verfluchten Erfolgsdruck im Fußball loswerden und er wolle endlich eine klare Sicht. Nach und nach legte Tim die »Baumstämme« ab, holte alle »Steine aus dem Rucksack« und entfernte die »Tomatenpampe aus den Haaren, den Augen und von der Stirn«. Jetzt, nachdem er viel klarer sehen konnte, entwickelte er in den folgenden Sitzungen auch eine klarere Haltung gegenüber seinem Vater und entdeckte nach und nach die guten Absichten, aber auch dessen versteckte Enttäuschung über Tims fußballerische Entwicklung, die aber leider nie ausgesprochen wurde. Tim merkte im Nachhinein, dass die verbale Wertschätzung durch den Vater keine gefühlte Basis hatte und was dadurch bei ihm ausgelöst wurde. Trotzdem schaffte er es, Verständnis für den Vater und dessen Vorgehensweise zu entwickeln und auch die schönen Seiten seiner Kindheit und Jugend zu entdecken. Nach einigen weiteren Sitzungen war er sehr erleichtert, endlich Klarheit für sich zu haben. Er fasste den Mut, eigene Entscheidungen zu treffen. Er entdeckte, dass Fußballspielen wirklich etwas mit Spielen zu tun hat und Verkrampfungen nur hinderlich sind. Vor allem, dass das Leben neben dem Spielen viele Überraschungen bereithält, für die es sich anzustrengen lohnt. Er entschloss sich, noch einmal auf die Schulbank zurückzukehren, um in einem Berufskolleg die Zugangsberechtigung für die Fachhochschule für Gestaltung zu bekommen. Tim hat sich auf den Weg gemacht aus dem Tal der Erduldung und der damit verbundenen Hilflosigkeit, um seine bis dahin unerkannten Sehnsüchte zu stillen und um im wahrsten Sinne des Wortes Gestalter seines Lebens zu werden.

Dabei ist es wichtig, dass wir unsere Bedürfnisse und die wahren Motive unseres Handelns erkennen und diese interaktiv mit unserer Außenwelt verwirklichen können. Passt das, was wir tun, zu uns? Tims Bürotätigkeit hätte wahrscheinlich nicht zu ihm gepasst. Er hätte lediglich fremde Erwartungen erfüllt und dabei den ständigen Widerspruch und die Inkonsistenz in sich gespürt. Es war deshalb wichtig herauszufinden, welche Sehnsüchte oder unbefriedigten Ziele Tim hatte und was er wirklich wollte.

Es ist nie zu spät, Sehnsüchte aufzuspüren und ihnen ein Datum zu geben und sie so zum Ziel werden zu lassen. Machen Sie den Versuch und nehmen Sie wie Tim ein Blatt zur Hand, auf dem Sie Ihr Leben und die glücklichen Ereignisse nachverfolgen. Prüfen Sie, warum die Ereignisse so viel Freude in Ihnen ausgelöst haben. Finden Sie den gemeinsamen Nenner für die Ereignisse und schreiben Sie ihn als Lebensmotto auf das Blatt. Dann nehmen Sie ein neues Blatt und zudem vor allem Zeit und Muße, um Ihrem eigenen Traum Konturen zu geben. Dann suchen Sie die vielen Baumstämme, Steine und Tomaten, die Sie bisher daran hinderten, diesen Traum wirklich realisieren zu können. Fragen Sie sich auch, wer von den Ihnen wichtigen Menschen sich über die Realisierung Ihres Traumes besonders freuen würde. Wenn Sie es für richtig halten, nehmen Sie Kontakt zu diesen Menschen auf und erläutern Sie ihnen Ihre Träume. Nehmen Sie sich abermals Zeit und malen Sie ein Bild von Ihrem Traum und finden Sie einen geeigneten Platz für *Ihr* Bild. Es gehört nur Ihnen und Sie dürfen es anschauen, sooft Sie wollen.

Und falls der Traum Ihnen vor der Verwirklichung irgendwann nicht mehr gefällt, dürfen Sie das Bild abnehmen und den Traum und die damit verbundene Sehnsucht auch einfach vergessen.

Übung »Glücksbiografie«, S. 156

Mit dem richtigen Schlüssel das Tor aufschließen

Gute Entscheidungen treffen

Wirklich gute Entscheidung zu treffen ist gar nicht so einfach. Zeitungsberichten zufolge hat im Januar 2012 Christian Wulff, der damalige Bundespräsident, den BILD-Chefredakteur Kai Diekmann angerufen und erklärt, dass der Rubikon überschritten sei. Mit diesen markigen und drohenden Worten erinnerte er an eine Episode aus der römischen Geschichte. Im Jahr 49 vor Christus überschritt Cäsar mit seinem Heer den Fluss Rubikon, die damalige Grenze Italiens, und marschierte mit seinen Soldaten in Richtung Rom. Die Überschreitung des Rubikon war zugleich eine unmissverständliche Kriegserklärung an das Römische Reich, das durch seinen Senat jede bewaffnete Überquerung verboten hatte. Man kann nur darüber spekulieren, welche genaue Absicht Wulff mehr als 2000 Jahre später mit dieser metaphorischen Redensart verfolgte. Wahrscheinlich war er unheimlich wütend und hat einfach die Kontrolle verloren, als er einem Vertreter des Verlags Axel *Cäsar* Springer sagte, er habe den Rubikon (wie eben der antike Cäsar) überschritten und damit ihm, dem Bundespräsidenten, den Krieg erklärt. Manche Journalisten behaupten, es sei ein massiver Eingriff in das Recht auf Pressefreiheit gewesen, weil er mit den drastischen Worten und der

Androhung einer strafrechtlichen Verfolgung den Bericht der BILD-Zeitung über seinen umstrittenen Privatkredit stoppen wollte. Jedenfalls hat dieser Anruf zu einem Aufschrei der Medien geführt und vielleicht sogar das Ende von Wulffs politischer Karriere eingeleitet. In den Geschichtsbüchern finden wir im Zusammenhang mit Cäsars Überquerung des Rubikon eine interessante Parallele. Der damalige Staatschef von Rom, Gnaeus Pompeius Magnus, hatte nach der Überquerung des Rubikon durch seinen Widersacher Cäsar diesem auch Vergeltung angedroht. Dazu kam es aber nicht. Zu schnell verließen seine Anhänger – ähnlich wie bei Wulff – den glücklosen Politiker und verhinderten so drakonische Maßnahmen.

Was lernen wir aus den beiden Geschichten? Offensichtlich lohnt es sich, mutig den Rubikon zu überschreiten, weil derjenige, der den Rubikon überschreitet, gewinnt, und derjenige, der es verhindern will, offensichtlich verliert und unterlegen ist.

Eigentlich hätte der Journalist Diekmann dem damaligen Präsidenten Wulff antworten müssen: »Alea iacta est« – »Der Würfel ist gefallen«. Dieser Spruch, der Cäsar zugeschrieben wird, nachdem seine Soldaten den oberitalienischen Fluss überschritten hatten, steht dafür, eine unwiderrufliche Entscheidung getroffen zu haben. Wenn wir die Redensart benutzen, denken wir allerdings meistens nicht an Krieg, sondern an eine ganz feste Absicht, etwas zu tun. Das sollte man aber keineswegs dem Zufall überlassen und unüberlegt aussprechen, sondern vorher gut abwägen.

Entscheidungen zu treffen ist manchmal wirklich nicht einfach, obwohl sie wahrscheinlich nicht immer so schwerwiegende Folgen wie Cäsars Rubikon-Überquerung oder Wulffs unbedachte Äußerungen gegenüber der BILD-Zeitung nach sich ziehen. Es lohnt sich in jedem Fall, nach Möglichkeiten zu suchen, die uns helfen, wirklich gute Entscheidungen zu finden.

Nutzen zu maximieren ist nicht immer nützlich

In unserer rationalen, wissenschaftlich geprägten Welt denken wir meist, dass vor allem unser Verstand und unsere Vernunft das Maß aller Dinge sind und uns als innerer Regierungssprecher und innere Sprecherin bestimmen. Wir prüfen und wägen Vor- und Nachteile ab, wenn wir ein Haus oder Aktien kaufen wollen, wir rechnen die Rendite aus und überlegen uns, welche Risiken damit verbunden sind.

Manchmal helfen uns gute und manchmal leider auch weniger gute Lebens-, Berufs- oder Finanzberater bei unseren Entscheidungen. Wie gut die Entscheidungshilfen tatsächlich sind, wird dann meist an den erwirtschafteten Gewinnen oder Verlusten ablesbar. Die Gläubiger der Finanzkrise haben schmerzlich erfahren müssen, dass Geldanlagen nicht immer nur Gewinne bringen; auch die Politik nutzt die moderne Entscheidungstheorie, in der alles vermeintliche Pro und Kontra gegenübergestellt wird. Dabei werden sie hoffentlich nicht nur berücksichtigen, ob die daraus folgenden Konsequenzen eher vorteilhaft oder eher nachteilig sind, sondern sie werden auch versuchen, die relative Größe der Vor- und Nachteile abzuschätzen und in die Entscheidung einzubringen. Zur Entscheidung gelangen sie dann, wenn sie die Vor- und Nachteile, auch der möglichen Alternativen, gewichten, abwägen und jeweils zu einem Wert zusammenfassen. Ausgewählt wird dann die Alternative, die den größten positiven Wert aufweist.

Sicherlich sind die meisten verwendeten Verfahren wesentlich komplizierter, weil es darum geht, möglichst alle zur Verfügung stehenden Informationen zu verarbeiten, aber das Prinzip ist immer ähnlich.

Ich weiß nicht, ob Caesar bei seiner Entscheidung auch so vorgegangen ist. Für mich stellt sich jedoch vielmehr die Frage, ob dieser Weg immer möglich und sinnvoll ist. Vor allem, ob die so gefällten Entscheidungen uns tatsächlich glücklicher machen. Je mehr wir uns von der materiellen Ebene entfernen, desto schwieriger wird die Anwendbarkeit. Bei Fragen der Lebensführung, Partnerschaft und Erziehung führt es uns eher auf den Holzweg. In der Sphäre politischer Entscheidungsfindung wird offensichtlich, dass diese Strategie nicht funktioniert, zumal die Opposition mir die Sachlage jeweils ganz anders präsentiert und ein ganzes Bündel neuer Argumente und Alternativen anbietet. Zurück bleibt für mich und die anderen Wähler meist eine große Verunsicherung und, resultierend aus mangelnder Nachvollziehbarkeit, eine immer stärker werdende Politikverdrossenheit.

Die Methode des Abwägens von Handlungsalternativen stammt aus dem England des 18. und 19. Jahrhunderts. Das war für den Philosophen Friedrich Nietzsche 1889 auch der Anlass, in seinem Werk »Götzendämmerung oder wie man mit dem Hammer philosophiert« zu behaupten: »Der Mensch strebt nicht nach Glück, nur der Engländer tut das.« Mit »Engländer« meint er Bentham und das von ihm formulierte utilitaristische Prinzip (Prinzip der Nützlichkeit). Beim Streben nach Glück gilt als Entscheidungsgrundlage die Suche nach dem größten Nutzen (englisch: utility). Dazu müssten alle mit der Entscheidung verbundenen Auswirkungen auf das Glück und Leid des Einzelnen in Betracht gezogen werden. Letztlich müsse man die Gesamtsumme des Glücks und des Leids von allen Betroffenen bilden, um so zu berechnen, ob die mit der Entscheidung verbundene Konsequenz mehr Glück oder mehr Leid erzeugt.

Irgendwie dachte man damals, dass man diesen Nutzen empirisch und objektiv messen könne. Leider ist dem nicht so, wie wir spätestens nach der Katastrophe von Fukushima schmerzlich erfahren mussten. Wir können zwar die Leistung eines Kernkraftwerkes in kWh messen, aber wie hoch der Nutzen für die Gesellschaft, die Risiken mitschauend, wirklich ist, vermag doch letztlich niemand zu beurteilen. Als Nutzentheorie eignet sie sich deshalb vorwiegend für modellhafte Betrachtungen innerhalb der wissenschaftlichen Ökonomie. Wegen der fehlenden objektiven Messbarkeit des Nutzens gilt heute als nützlich, wofür Geld ausgegeben wird.

So ist die Messgröße für unsere volkswirtschaftliche Leistung und für unser Wohlergehen das Bruttoinlandsprodukt. Es misst alle entstandenen Werte einer Volkswirtschaft, für die Geld bezahlt wurde. Ob wir dadurch glücklicher geworden sind, bleibt allerdings offen. Es wird nämlich nicht gefragt, ob die Verteilung der Einkommen gerecht oder ungerecht erfolgt, ob sich also immer mehr Arme und wenige Reiche Vermögen und Einkommen teilen. Dabei sind die Menschen in Ländern, in denen es gerecht zugeht, nachweislich glücklicher.

Das Bruttoinlandsprodukt fragt auch nicht, welche Schäden wir bei der Wertschöpfung erzeugen und den nachfolgenden Generationen als Hypothek für die Zukunft hinterlassen. Stattdessen trägt die Schadensbeseitigung, weil sie ja bezahlt werden muss, zu einer Steigerung der Wertschöpfung bei.

Die fatale Verbindung von Nutzen und Geld zeigt sich leider in vielen Bereichen. Im Sinne der Nutzenmaximierung wird aus dem Beruf ein Job. Ein Job ist nach dieser Devise dann attraktiv, wenn er gut entlohnt wird, unabhängig davon, ob ich ihn als sinnvoll erachte und ihn wirklich gerne ausübe. Im Streben nach maximalen Gewinnen und Einkommen verschwimmen die Grenzen dessen, was man Menschen zumuten kann, nur allzu leicht. Die Folgen sind verheerend. Die Krankenkassen berichteten noch nie von so vielen psychischen Erkrankungen wie heute: Burnout, Depression, psychosomatische Krankheiten. Dabei gibt es neben der Höhe der Entlohnung – vorausgesetzt, die Befriedigung der grundlegenden Bedürfnisse kann mit dieser abgedeckt werden – andere Formen der Wertschätzung, die wesentlich lustvoller und vielleicht sogar motivierender wären, wie etwa Lob, Vertrauensbeweise oder die Übertragung von zusätzlicher Verantwortung. Leider sind diese Maßnahmen aber nicht in Geld messbar und werden deshalb vernachlässigt. Dass Geld ein schlechter Maßstab für die Entscheidungsfindung ist, haben schon die alten Philosophen gewusst. Wer Reichtum als sein Ziel bestimmt, wird auf dem Weg dorthin vielleicht gierig, neidisch und geizig sein, solange er sein Ziel noch nicht erreicht hat. Hat er sein Ziel erreicht, wird er vielleicht verschwenderisch oder lebt fortan in Angst, sein Vermögen wieder zu verlieren. Wenn ich die Menschen unserer Zeit betrachte, finde ich in vielerlei Hinsicht eine Bestätigung dieser Überlegung. In Werbeslogans wie »Geiz ist geil« und »Der Ehrliche ist der Dumme« werden Untugenden sogar gesellschaftsfähig.

Die innere Weisheit finden

Als mir kurz vor der Lehman-Pleite ein Freund erklärte, dass er binnen kurzer Zeit sein Vermögen erheblich vergrößert habe, weil er für seine Geldanlagen Renditen bis zu 20 Prozent erziele, reagierte ich sehr skeptisch. Für mich sind Geldanlagen, die sich angeblich in weniger als fünf Jahren verdoppeln, dubios. Die Zweifel blieben auch, nachdem mir der Freund kurze Zeit später eine Vielzahl von Unterlagen vorlegte, die die Richtigkeit seiner Aussagen bestätigen sollten. Unabhängig von meinem ökonomischen Sachverstand sagte mir mein Bauchgefühl, dass hier etwas nicht mit rechten Dingen zugehen konnte und man besser die Finger von solchen Geschäften lassen sollte. Weder mein Sachverstand noch mein Bauchgefühl konnte den Freund vor den finanziellen Schäden bewahren. Irgendwie haben wir neben dem Verstand ein gutes Gespür dafür, ob etwas stimmt oder nicht, und können auch sofort handeln. Wir nennen das die Intuition, die uns zwar nicht das Warum erklärt, also jenseits des Bewusstseins liegt, aber uns vor Gefahren warnt und uns innehalten lässt oder uns auffordert, munter weiterzumachen. Ich wollte mit dem Beispiel des Freundes und seiner Geldanlage verdeutlichen, dass die Intuition allein nicht immer den richtigen Weg weist, aber unseren Verstand bei der Entscheidungsfindung unterstützen kann. Wie das funktioniere, wollte ein junger Student von mir wissen. Nach einem meiner Vorträge trat er mit folgender Frage an mich heran: »Nächste Woche schreibe ich eine Klausur, für die ich noch lernen muss. Gleichzeitig habe ich am Wochenende eine Einladung zum Surfen. Wenn ich die Einladung annehme, werde ich mit Sicherheit keine so gute Note erzielen, als wenn ich das Wochenende zum Lernen nutze. Liebend gerne würde ich am Wochenende zum Surfen gehen, andererseits hätte ich gerne die gute Note. Was soll ich tun?« Die Fragestellung erinnerte mich an die vielen Lehrbeispiele aus den Ökonomie- bzw. Ethikbüchern. Vielleicht hatte er sogar damit gerechnet, dass ich ihm raten würde, eine Liste mit allen Vor- und Nachteilen der Alternativen zu erstellen. Ich vermied diesen Ratschlag, weil ihn dies wahrscheinlich enorm viel Zeit gekostet hätte, die er besser zum Lernen verwenden sollte, und weil dies keine Garantie für die perfekte Lösung gewesen wäre. Ich schlug ihm folgendes Verfahren vor: »Suchen Sie sich stellvertretend für die Klausur einen Gegenstand, beispielsweise das letzte gute Testat oder den letzten guten Schein aus dem Bereich. Geben Sie diesem Gegenstand einen gut sichtbaren Platz in Ihrem Zimmer und platzieren Sie ihn deutlich, vielleicht auf einem Stapel Bücher oder Ähnlichem. Jetzt wählen Sie einen Gegenstand, der zum Surfen gehört, und legen ihn in geraumem Abstand zum ersten Gegenstand ebenfalls im Zimmer aus. Danach wählen Sie selbst für sich eine Position, bei der der Abstand zu beiden Gegenständen gleich groß ist und Sie beide im Blick haben. Die beiden Gegenstände und Sie bilden dann ein Dreieck. Jetzt pendeln Sie mit Ihrem Blick zwischen den Gegenständen hin und her. Verweilen Sie einen Augenblick erst bei dem einen und dann bei dem anderen. Das wiederholen Sie so oft, bis Sie das Gefühl haben, sich von dem einen Gegenstand mehr angezogen zu fühlen als vom anderen. Jetzt wissen Sie auch, wie Sie sich entscheiden sollen.« Am Ende gab ich ihm meine Karte und bat ihn, mich über das Ergebnis seiner Entscheidung kurz zu informieren.

Er entschied sich, wie er mir mitteilte, zu Hause zu bleiben und für die Klausur zu lernen. Sein Körper habe ihm die eindeutige Antwort gegeben. Er habe in die eine Ecke des Zimmers seinen Surfanzug gelegt und auf die andere Seite die Bücher, die er zur Vorbereitung auf die anstehende Prüfung lesen wollte. Dann habe er sich auf der anderen Seite seines Zimmers in der Mitte auf einen Stuhl gesetzt und in aller Ruhe den Surfanzug betrachtet und zunächst gute Gefühle dabei gehabt. Anschließend habe er den Blick auf die Bücher gerichtet und beobachtet, wie sein Atem schneller geworden sei und er eine Unruhe verspürte. Er habe dann vielleicht 20 Mal seinen Blick von einem auf das andere Objekt gelenkt und festgestellt, dass er immer kürzer in der Ecke des Surfanzugs verweilt und sich schnell wieder den Büchern zugewandt habe. Letztlich habe sich sein Blick fast ausschließlich auf die Bücher gerichtet. Der Atem habe sich verlangsamt und er sei ruhiger geworden. Er habe dann den Surfanzug in den Schrank gelegt und die Surfaktion auf später verschoben. Die Klausur sei übrigens hervorragend gelaufen.

Das hinter der Pendelübung beschriebene Prinzip ist relativ einfach zu verstehen. Es ist eine Art Faustregel, die in Windeseile alle Erfahrungen, die wir in unserem Körper im Kontext mit den Alternativen gesammelt haben, wieder aufleben lässt und sogar körperlich spürbar macht. Im Sport gilt die Devise »Listen to your body«: Wenn es um den Umfang und die Intensität des Trainings geht, sollen wir nicht nur Trainingsbüchern, sondern auch unserem Körpergefühl vertrauen.

Ich bin der Meinung, dass wir die unterhalb des Verstandes im Körper gespeicherten Erfahrungen auch bei vielen anderen Entscheidungen gebrauchen können, deshalb erzähle ich den Jugendfußballern der TSG 1899 Hoffenheim zu Beginn meines Glückstrainings oft die Geschichte von den Göttern, die versuchten, die Weisheit vor den Menschen zu verstecken.

In dieser Geschichte geht es darum, dass sich einst die Götter überlegten, wann sie den Menschen die Weisheit des Universums schenken sollten. Sie kamen zu dem Entschluss, dass die Menschen erst reifen müssten, bevor man ihnen die Weisheit schenken könnte. Die Götter wussten um die Gefahr, die mit dem vorzeitigen Auffinden der Weisheit verbunden war, und suchten deshalb nach einem sicheren Ort, wo sie diese verstecken könnten. Der Reihe nach schlugen sie verschiedene Verstecke vor. Der höchste Berg war ihnen wegen der menschlichen Neugier ebenso unsicher wie die tiefste Stelle im Ozean. Erst ganz am Ende ihrer Überlegungen kam ihnen der rettende Einfall, sie im Menschen selbst zu verstecken. Das Auffinden der Weisheit im eigenen Inneren gelänge erst, nachdem die Menschen wirklich gereift wären. Begeistert von dieser Idee beschlossen sie, die Weisheit tatsächlich in jedem einzelnen Menschen zu verstecken, damit er sie zur rechten Zeit entdecken möge.

Die Weisheit unseres Körpers

Die jugendlichen Fußballer sollen ein Empfinden dafür bekommen, dass wir Menschen durch den reichen Schatz an gesammelten Erfahrungen, der in unserem Unterbewusstsein gespeichert ist, viel mehr Weisheit in uns haben, als unser Verstand uns glauben lässt.

Wie die Weisheit unseres Körpers funktioniert, kann man sich am Beispiel des Frisbeespielens verdeutlichen. Wir fangen die Frisbeescheibe, ohne dass wir lange überlegen oder gar deren Flugbahn genau berechnen müssen. Das ist nicht schwer und gelingt sogar den mehr oder weniger ungeübten Frisbeespielern, sonst wäre das Spiel mit der Scheibe, das ich auf der Heidelberger Neckarwiese immer wieder beobachten kann, bestimmt nicht so beliebt. Der Trick, im richtigen Moment zuzugreifen, ist relativ einfach und wird schon im Kindesalter gelernt. Fixiere die Scheibe mit den Augen und bewege dich mit der richtigen Geschwindigkeit in Richtung der Scheibe. Hängt man einem Baby einen Luftballon über das Kinderbett, so fixiert das Baby unablässig dessen Flugbewegung. Es lernt so intuitiv die Flugbahnen von fliegenden Gegenständen. Durch unzählige weitere Beobachtungen lernt es genau, wohin und wie schnell es laufen muss, um einen geworfenen Ball oder andere fliegende Gegenstände zu fangen. Ich finde nicht nur deshalb den Ball als Kinderspielzeug einfach unersetzlich. Unser Repertoire an solchen Erfahrungen, die wir täglich unbewusst einsetzen, ist unermesslich groß und wächst jeden Tag. Wir fahren Auto und bemerken nicht, wie wir intuitiv schalten. Wir joggen quer durch den Wald und finden den gewohnten Weg »im Schlaf«. Es lohnt sich, uns dieses Geschenk der Natur, die Kraft des Unterbewusstseins, bei vielen Entscheidungen zunutze zu machen.

Sie werden jetzt vielleicht einwenden, dass schwerwiegende Entscheidungen mehr Gewicht und Nachdenken verdienen als das emotionale Abwägen der Alternativen zwischen Urlaub und Lernen. Das mag richtig sein, stellt aber die Methode nicht grundsätzlich in Frage. Das Prinzip bleibt nämlich gleich. Zunächst richten wir unsere Sinneswahrnehmung auf die zu bewältigende Aufgabe und prüfen dann emotional die Bedeutung und die Art der Herausforderung. Routineaufgaben wie das Fangen der Frisbeescheibe oder das Schalten unseres Autos erledigen wir dann meist rein intuitiv. Bei größeren Aufgaben benutzen wir zusätzlich unseren Verstand. Allerdings nie, ohne dabei die damit verbundenen Emotionen körperlich zu spüren. Denken Sie an die Schmetterlinge im Bauch oder an den Schreck, der einem noch lange nach einem großen Missgeschick in den Gliedern sitzt. Erst nach diesen körperlichen Signalen, den somatischen Markern, wie sie von dem Entdecker Antonio Damasio genannt wurden, folgt die innere Entscheidung, etwas zu tun oder zu lassen. Der Verstand entscheidet also nie alleine, ob daraus eine konkrete Absicht entsteht oder nicht. Vielmehr schwingt bei jeder Entscheidung die Emotion immer mit. Jedenfalls, wenn es um persönliche Entscheidungen geht. Das ist vielleicht auch der Grund, warum Bankangestellte den Kunden nicht immer das empfehlen, wofür sie sich selbst entscheiden würden. In wissenschaftlichen Untersuchungen wurde nachgewiesen, dass Finanzjongleure für ihre Kunden die Vor- und Nachteile abwägen und dann entscheiden. Für sich selbst handeln sie eher nach Bauchgefühl, das ihnen mehr zu einer breiten Streuung ihrer Anlagen rät, um so das Risiko zu minimieren. Bei Entscheidungen, die unser Leben prägen, verlassen wir uns oft auf unsere Intuition: Welche Schule für mein Kind, wie gestalte ich mein Familienleben, wie finde ich die Balance zwischen Beruf und Privatleben, welche Priorität gebe ich Ernährung, Bewegung, Spiel … in meinem Leben.

Die Natur hat unserem Körper die Fähigkeit mitgegeben, alle Erfahrungen emotional zu speichern, damit wir aus den vielen sich uns bietenden Möglichkeiten und Gefahren herausfinden, was wir brauchen, um unser Leben wirklich gelingen zu lassen. Wir müssen uns nur dahingehend sensibilisieren, ob die zu treffende Entscheidung und deren Konsequenzen für uns stimmen oder eben nicht stimmen. Sensibilisieren heißt dann, ein besseres Gespür für die innere Harmonie und die inneren Widersprüche und die damit verbundenen Körperempfindungen zu entwickeln. Neben der In-*Augen*schein-Nahme von Handlungsalternativen durch den uns mitgegebenen Verstand sind wir sensibel und haben sozusagen ein feines *Ohr* für die damit verbundenen harmonischen oder disharmonischen Stimmungen. Sie sollen uns sagen, was uns guttut und was nicht. Leider gelingt es uns nicht immer, unserem Harmonie-Ohr zu folgen.

Übung »Entscheidungen ausloten«, S. 157

Die Kraft der Harmonie nutzen

Neben dem Verstand, der nicht unbedingt nach der Harmonie fragt, hat uns die Natur in der Entwicklungsgeschichte der Menschen eine Grundausstattung an Emotionen mitgegeben, die unser Verhalten so steuern sollen, dass wir vor allem erst einmal überleben können. Es handelt sich dabei um ein Bündel von Sofortmaßnahmen, die das blanke Überleben bzw. die Arterhaltung sichern sollen. Diese genetischen Verhaltensmuster wie Angst, Wut, Ekel sind mit negativen Gefühlen verbunden, weil sie uns zur Vermeidung oder zur Flucht veranlassen bzw. zum Kampf auffordern sollen. Auf der anderen Seite hat die Natur sexuelles Begehren, Hunger, Durst bis hin zur Gier mit positiven Gefühlen verknüpft, damit wir uns fortpflanzen und Nahrung suchen. Diese primären Antriebe der Menschen, die uns kaum von den Tieren unterscheiden, waren angesichts der vielen Gefahren und Notwendigkeiten unserer Vorfahren auch sehr nützlich und haben die Menschen im Verlauf ihrer Entwicklungsgeschichte genetisch sehr geprägt.

Allerdings haben sich die Anforderungen an das menschliche Verhalten durch Technik und Zivilisation erheblich verändert. Schlangen treffen wir nicht vorwiegend im Supermarkt und der Tiger wartet auch nicht vor der Haustür, sondern hilft uns als »Tiger im Tank« bei der Fortbewegung. Wir brauchen beim Essen auch nicht gierig alles hinunterzuschlingen, weil wir nicht so lange auf die nächste Nahrung warten müssen wie unsere Vorfahren. Auch die Partnerwahl findet heute hoffentlich unter anderen Vorzeichen als in der Steinzeit statt. Meistens empfinden wir »das Tier im Menschen« eher überzogen und störend. Wir haben deshalb in unserer Entwicklungsgeschichte zunehmend gelernt, unser Verhalten durch unser Denken und unseren Willen zu steuern und nicht auf alles und sofort zu reagieren, sondern erst einmal abzuwägen. Unsere kulturelle Entwicklung hat einige Instinkte entbehrlich gemacht, gleichzeitig verlangen uns die viel zitierte Reizüberflutung, die fordernde Taktung unseres Alltags, dessen Planung bis ins Detail neue Bewältigungsstrategien ab. Nicht immer gelingt es uns, auf die auf uns einströmenden Reize gelassen zu reagieren. Manchmal schnauben wir wie unsere Vorfahren vor Wut, ärgern uns schwarz oder werden sogar handgreiflich. Nicht umsonst mindern die Gerichte das Strafmaß für Straftaten, die im Affekt begangen wurden.

Überreaktionen schaden aber nicht unserem Gegenüber, sondern vor allem auch uns selbst. Wut, Angst und Ärger belasten auf Dauer unseren Körper, weil die damit verbundenen Ausschüttungen von Kortisol und Adrenalin unsere Organe und das Herz-Kreislauf-System schädigen. Wie oft wünschen wir uns Gelassenheit, um in Ruhe entscheiden zu können, welche Reaktion notwendig, angemessen, planvoll und harmonisch ist. Ein Glück, dass wir die körperlichen Reaktionen wie einen trockenen Hals, beschleunigten Atem, ansteigenden Blutdruck und Muskelanspannung frühzeitig aufspüren und gedankliche oder körperliche Gegenmaßnahmen ergreifen können, um wieder ins Gleichgewicht zu kommen.

Am liebsten wäre es uns natürlich, wenn es nicht nur mit innerem Zwang und eiserner Willenskraft geschehen würde, sondern sich in Übereinstimmung mit inneren Werten in Leichtigkeit vollzöge. Gegenwärtig gibt es deshalb unglaublich viele Angebote von Meditations- und Entspannungstechniken, die uns helfen sollen, uns selbst besser wahrzunehmen und zu steuern. Das ist sehr begrüßenswert, insbesondere dann, wenn die Kurse dazu beitragen, nicht nur gelassener zu werden, sondern auch in der Gemeinschaft mit anderen unsere Stimmung aufzuhellen. Gelassenheit und Geduld galten einst als königliche Tugenden. Im Zeitalter, in dem die Aufmerksamkeit als knappstes Gut gilt und die Reizüberflutung uns das Leben schwer macht, wird sie sogar lebensnotwendig.

Neben den oben erwähnten Kursen zur Selbstwahrnehmung und Selbststeuerung gibt es dafür eine Reihe von einfachen Sofortmaßnahmen, um trotz großer Anspannung und Herausforderung gelassen zu bleiben oder wieder gelassener zu werden.

Gelassenheit ist die Tugend der Könige

Meiner in mir aufsteigenden Wut begegne ich dadurch, dass ich mir ein Kaugummi in den Mund schiebe und anfange heftig zu kauen. Das klingt banal, entspannt aber nicht nur die Kiefermuskeln, sondern auch alle übrigen Muskelpartien. Es reguliert außerdem den Atem und den Speichelfluss. Gleichzeitig, so habe ich es irgendwo gelesen, senkt das Kauen den Blutdruck. Ich kann mir vorstellen, dass unsere Vorfahren sich beim Essen am besten entspannen konnten und deshalb bereits das Kauen unsere Aggressionsbereitschaft mindert.

Wenn ich schon richtig wütend bin, benutze ich eine Anleihe aus der progressiven Muskelrelaxation (PMR nach Jacobson) und helfe mir dadurch, dass ich meine Hände mehrere Sekunden lang zu Fäusten balle, um sie dann wieder zu entspannen. In einer zweiten Runde lege ich die Fingerspitzen unter die Tischplatte und mache eine leichte Aufwärtsbewegung, als wollte ich die Tischplatte anheben. Wenn dann meine Wut immer noch nicht verraucht ist, nehme ich möglichst unauffällig einen Stift und halte ihn nur mit den Zähnen fest. Das verändert meine Gesichtsmuskeln ähnlich wie beim Lachen.

In Staus auf der Autobahn, wenn ich im Stress bin, weil ich Angst habe, meinen Termin zu verpassen, habe ich mir angewöhnt, ganz laut zu singen. Das löst zwar leider nicht den Stau auf, bewahrt mich aber vor unbedachten Reaktionen. Das laute Singen und der dazu notwendige vermehrte Atem lösen augenblicklich die Verspannung der Muskeln auf. Eine andere Möglichkeit, Stress abzubauen, die man als Fahrer nicht im Auto nutzen sollte, ist der Blick in den blauen Himmel oder auf den blauen Bildschirmschoner unseres PCs. Die Farbe Blau beruhigt unsere Nerven.

Wenn mich eine bedrückende Stimmung beschleichen will, halte ich mich bewusst nicht an den paradoxen Ratschlag von Charles M. Schulz, der Charlie Brown von den Peanuts mit hängendem Kopf sagen lässt, dass es ganz schlecht sei, sich bei Depressionen aufzurichten, weil es einem dann womöglich besser gehe. Übrigens erlebe ich oft Menschen, die von ihrer gebeugten Körperhaltung her gesehen das Leid der ganzen Menschheit geschultert zu haben scheinen. Dabei gibt uns die aufrechte Körperhaltung wegen der verbesserten Atmung nicht nur mehr Sauerstoff für den Körper, sondern sorgt auch für »frischen Wind« in den für die Gefühle verantwortlichen Partien in unserem Gehirn.

Damit ich ganz sicher bin, dass die zu fällende Entscheidung frei von allen möglichen störenden Affekten und in heiterer Gelassenheit getroffen werden kann, gehe ich, ohne auf die Zeit zu achten, alleine joggen. So in der Natur angekommen, habe ich das Gefühl, wirklich frei zu sein. Ich fühle mich körperlich wohl und spüre in mir, Hindernisse im Sport wie im wahren Leben leichter überwinden zu können. Außerdem sortiert sich der Kopf quasi von alleine. Was ist Ihre Strategie, um Gelassenheit zu erreichen? Machen Sie sich auf die Suche nach Ihrem individuellen Weg zur Entspannung.

Übung »Achtsamkeit üben«, S. 159

Auf die Belohnung warten können

Diese Anleitungen sollen aber keineswegs dazu veranlassen, das ganze Leben durch die rosarote Brille zu betrachten und unentwegt in »Flower-Power-Manier« alles und jeden zu lieben. Gewiefte Marktstrategen haben längst erkannt, dass die positiven Gefühle, die bei der Befriedigung unserer urmenschlichen Bedürfnisse Hunger, Durst, Sex oder Neugier ursprünglich der Arterhaltung dienten, sich auch kommerziell nutzen lassen. Durch geschicktes Wecken unseres Strebens nach Lust laden sie uns in die hedonistische Tretmühle ein, bei der nach jeder Befriedigung eines Bedürfnisses zugleich ein neues geweckt wird, wie es Fernsehzuschauer täglich erleben: Nach einem Film folgt kaum noch ein Abspann, die nächste Werbepause, der nächste spannende Film wird nahtlos angereiht.

Kein Wunder, dass der große Psychologe und Arzt Sigmund Freud behauptet, dass das Streben nach Glück ein positives und ein negatives Ziel verfolgt. Es will einerseits die Abwesenheit von Schmerz und Unlust, andererseits das Erleben starker Lustgefühle. Freud geht noch einen Schritt weiter und behauptet, dass die Absicht, dass der Mensch glücklich sei, im Plan der Schöpfung nicht enthalten sei. »Was man im strengsten Sinne Glück heißt, entspringt der eher plötzlichen Befriedigung hoch aufgestauter Bedürfnisse und ist seiner Natur nach nur als episodisches Phänomen möglich. Jede Fortdauer einer vom Lustprinzip ersehnten Situation ergibt nur ein Gefühl von lauem Behagen; wir sind so eingerichtet, dass wir nur den Kontrast intensiv genießen können, den Zustand nur sehr wenig.« (Freud, Das Unbehagen in der Kultur, S. 425)

Die von Freud gewählte Gleichsetzung von Glück und Lust ist zwar gewagt, weil sie weder die länger andauernde und allgemeine Lust am Leben, an der Natur oder an der Arbeit noch den Aspekt der Liebe berücksichtigt. Dennoch bewahrheitet sie sich am Verhalten vieler Menschen, die zwar nach Glück streben, aber eigentlich nur die Lust maximieren, ohne dabei zu erkennen, dass das in doppelter Hinsicht gefährlich ist. Erstens weil die Fortdauer des Lustgefühls das Genießen des Kontrasts zwischen Lust und Unlust verhindert, und zweitens weil Lustbefriedigung wegen der möglichen Abhängigkeit, die Suchtdruck und Gewöhnung bedeutet, auch Leiden hervorbringen kann. Das Ergebnis eines solchen auf Lust bezogenen Glücksverständnisses zeigt sich in einer erotisierten und von Suchterkrankungen geprägten Gesellschaft. Sollen Glück und Lust tatsächlich in Einklang gebracht werden, müssen langfristige und kurzfristige Lustquellen unterschieden werden. Was kurzfristig Glück verspricht, kann langfristig unglücklich machen. Es lohnt sich deshalb, neben der kurzfristigen Perspektive auch die langfristige Sicht auf das Lebensglück bzw. das gelingende Leben zu behalten. Dazu bedarf es insbesondere der Fähigkeit, Frustration auszuhalten und auf etwas warten zu können.

Was jedem Jäger bei der Jagd oder dem Sportler, der sich direkt mit einem Gegner oder einer gegnerischen Mannschaft auseinandersetzt, in Fleisch und Blut übergehen muss, ist das konzentrierte Abwartenkönnen. So wird der geübte Jäger erst dann auf den Abzug drücken, wenn das Wild vor seinem Zielfernrohr tatsächlich in voller Größe auftaucht und stillsteht. Der Elfmeterschütze wird beim Fußball den Strafstoß erst dann ausführen, wenn er voll konzentriert ist und der gegnerische Tormann in irgendeiner Form überlistet werden kann. Im Judo oder Ringen wird jede überhastete Aktion dem Gegner neue Chancen und Spielräume eröffnen, selbst aktiv zu werden. Vielleicht sogar die gegen ihn gerichtete Energie nicht nur abzuleiten, sondern sie zu nutzen, um den Angreifer selbst zu Fall zu bringen. Was wir als Eltern unseren Kindern vorleben können, um ihnen zu helfen, ihren Platz in der Familie einzunehmen, ist zum Beispiel, dass beim gemeinsamen Essen nicht alle gleichzeitig von ihrem Tag erzählen können. Eine Übung, die einem vierjährigen Kind zugemutet werden kann. Wir können nicht früh genug damit anfangen, Gesprächskultur zu pflegen.

Wie wichtig Geduld als Charaktereigenschaft ist, zeigt der berühmte Marshmallow-Test, mit dem der amerikanische Psychologe Walter Mischel bereits vor mehr als 50 Jahren die Bedeutung des Belohnungsaufschubs für die Persönlichkeitsentwicklung von Kindern nachgewiesen hat. Marshmallows sind diese schaumartigen Süßigkeiten, die Kinder besonders verlocken. Zu Beginn des Tests erhielten die vierjährigen Probanden je einen Marshmallow mit der Anweisung durch den Versuchsleiter, die Süßigkeit nicht sofort zu essen, sondern eine Weile zu warten. Alle Kinder, die mit dem Naschen warten, würden später einen zweiten Marshmallow als Belohnung erhalten. Alle anderen würden in der zweiten Runde leer ausgehen. Der Versuchsleiter verschwand dann für eine Viertelstunde und ließ die Kinder alleine. Ein Drittel der Kinder konnte der Versuchung nicht widerstehen. Sie hatten schon nach kurzer Zeit den Marshmallow gegessen. Die anderen zwei Drittel bestanden die Probe und erhielten, wie verabredet, ihre Belohnung. 12 bis 14 Jahre später führte man bei den mittlerweile jugendlichen Probanden Persönlichkeitstests durch. Es zeigte sich, dass die Gruppe, die frühzeitig gelernt hatte zu warten, leistungsstärker und selbstbewusster war und mit Frustrationen besser umgehen konnte als diejenigen, die als Kinder der Versuchung erlagen.

In allen erwähnten Beispielen ging es um die optimale Nutzung des zeitlichen Abstands zwischen der sinnlichen Wahrnehmung und der nachfolgenden Reaktion. Die Fähigkeit, nicht unüberlegt und vorschnell zu handeln, sondern abzuwarten, ob noch bessere Alternativen auftauchen, sollte auf vielfältige Weise eingeübt werden.

Sicher gibt es im Hinblick auf die Fähigkeit, warten zu können, auch ererbte Vorgaben und sicher ist Abwarten auch nicht immer der Weisheit letzter Schluss. Trotzdem sollten wir nicht vergessen, dass diese Fähigkeit für die Entwicklung des Menschen von großer Bedeutung war und sich die Menschen seit Jahrtausenden darin üben, Versuchungen zu widerstehen und vorausschauend zu handeln. Nicht von ungefähr gibt es in nahezu allen Religionen Phasen der Entsagung und des Fastens, die der spirituellen und körperlichen Reinigung und Sortierung bisheriger Erfahrungen dienen. Auch wenn uns die Vorfreude, die Geduld und die Frustrationstoleranz in Zeiten des Sofortkonsums dank Sofortkredit etwas abhandengekommen zu sein scheinen: Menschen, die in der Lage sind, in Ruhe zu entscheiden, was sie wollen beziehungsweise nicht wollen, sind ausgeglichener, zufriedener und selbstbewusster.

Übung »Wart's nur ab!«, S. 160

Den Blick hinter die Kulissen werfen

Um herauszufinden, was man wirklich will und was nicht, lohnt es sich, Ausschau nach den Werten zu halten, die hinter dem anzustrebenden Ziel oder der Entscheidung stehen. Dabei stehen materielle Dinge, weil sie fassbar sind, als Platzhalter für die dahinterstehenden, nicht fassbaren ideellen Werte. So macht Geld für sich allein gesehen noch keinen Sinn. Erst durch die Fragen, wie wir es verdienen wollen und wofür wir es ausgeben bzw. sparen wollen, erkennen wir den dahinterstehenden Wert. Wir dürfen uns fragen, ob es unser Streben nach Macht, nach Ansehen oder Sicherheit ist. Meine Mutter, die durch die Not zweier Weltkriege geprägt war, neigte zu extremer Sparsamkeit, weil sie sich vor der Altersarmut fürchtete. Für sie war das Geld auf dem Konto – je mehr, desto besser – eine Überlebensgarantie.

Jugendliche Fußballer in Profiklubs träumen oft von großen Karrieren und dem damit verbundenen Reichtum. Mir erscheint es deshalb wichtig, ihnen im Rahmen ihrer Persönlichkeitsentwicklung den Blick hinter den Besitz von Geld und materiellen Gütern zu ermöglichen. Als ich die 15-jährigen Jugendspieler der TSG 1899 Hoffenheim während des von mir durchgeführten Persönlichkeitstrainings einmal fragte, was ihr sehnlichster Wunsch sei, antworteten zehn von 20 befragten Spielern: »Ein Sportwagen.«

Ich fragte dann weiter, warum sie sich ausgerechnet für einen Sportwagen entschieden hätten. Die Antworten ähnelten sich: »Dann bekomme ich das hübscheste Mädchen«, »Dann kann ich zu Hause zeigen, dass ich es zu etwas gebracht habe«, »Es ist unglaublich spannend, was so ein Sportwagen alles für Raffinessen hat«. Ohne weiteren Kommentar legte ich dann laminierte Pappstreifen auf den Boden, auf denen in großen Lettern Werte wie Aufstieg, Anerkennung, Partnerschaft, Neugier, Freiheit und Macht zu lesen waren. Ich ließ sie die Werte in aller Ruhe betrachten und fragte sie dann: »Was ist der Unterschied zwischen dem Ziel, einen Sportwagen zu besitzen, und einem Ziel, wie es hier auf dem Boden liegt?« Die unterschiedlichen Antworten erstaunten mich zum Teil sehr. So antworteten einige: »Wenn man so ein Ziel erreicht hat, dann braucht man keinen Sportwagen mehr.« Oder: »Wenn ich aufgestiegen bin und Anerkennung habe, dann bekomme ich den Sportwagen sowieso.« Diese und ähnliche Antworten zeigten mir, dass die Jugendlichen das Prinzip, das sich hinter dem Besitzstreben verbirgt, begriffen hatten: Besitz befriedigt Bedürfnisse, die im weitesten Sinne unseren angeborenen primären Bedürfnissen entsprechen oder eine Verbindung zu ihnen darstellen. Das Statussymbol Sportwagen steht für, wie es auch die Jugendlichen offensichtlich erkannten, Aufstieg und Erfolg. Es scheint den Besitzer als Sexualpartner attraktiver zu machen und kann sogar unsere angeborene Neugier oder den Drang nach Freiheit befriedigen. Ich fragte die Jugendspieler weiter: »Was glaubt ihr, wie es euch erginge, wenn eine gute Fee euch jeden Wunsch von den Augen ablesen und erfüllen würde?« Die Antwort war einfach und kam schnell: »Es wäre auf Dauer bestimmt furchtbar langweilig, weil es sich dann nicht mehr lohnen würde, sich anzustrengen.« Wir Menschen wollen uns nämlich immer weiterentwickeln, nach Werten streben, für die es sich einzusetzen lohnt. Offensichtlich hatten sie erkannt, dass das Streben nach Glück nicht das Ziel, sondern der Weg dorthin ist, oder wie es Buddha so vortrefflich definiert: »Es gibt keinen Weg zum Glücklichsein. Glücklichsein ist der Weg.«

Um wirklich gute Entscheidungen zu treffen, müssen wir herausfinden, welche ideellen Werte hinter den einzelnen Alternativen stehen und ob sie uns scheinbar oder tatsächlich auf dem Weg zum Glücklichsein voranbringen. Das gilt natürlich nicht für alle Entscheidungen. Es ist für das gelingende Leben wenig bedeutsam, ob ich im Supermarkt ein Glas Erdbeer- oder Kirschmarmelade in den Einkaufswagen lege. Obwohl es genug Zeitgenossen gibt, die sich auch bei unwichtigen Entscheidungen schon sehr schwertun können. Ich denke an diejenigen, die stundenlang über der Speisekarte brüten, um dann doch nichts zu bestellen. In den meisten Fällen können wir auf unsere Routine vertrauen und ohne großes Nachdenken darüber, ob es nun die richtige oder falsche Entscheidung ist, handeln. Dagegen gibt es Entscheidungen von großer Tragweite für unser Leben, die wir nicht leichtfertig fällen sollten. Um die einen von den anderen unterscheiden zu können, bedarf es der beschriebenen Achtsamkeit, Gelassenheit und heiteren Skepsis: der Gabe, kritisch zu sein ohne Verbissenheit, mit einem Schuss Ironie – im Zweifel Selbstironie. Und es bedarf der Fähigkeit, die persönliche Bedeutung hinter den angestrebten Zielen zu erkennen. Was macht ihren tatsächlichen Wert aus? Welche Bedürfnisse werden dadurch befriedigt, und helfen sie mir auf meinem Weg wirklich weiter?

Übung »Von innen nach außen«, S. 162

Die Entdeckung des Flourishing

Im Jahr 2010 referierte ich auf dem Symposium für Positive Psychologie in Berlin über das »Schulfach Glück« und versuchte aufzuzeigen, welche Aufgabe auf die Schule als »positive Institution« zur Stärkung von Charaktereigenschaften und zur Schaffung von Lern- und Lebensfreude der ihr anvertrauten Kinder und Jugendlichen zukommt. Auf diesem Symposium trat auch Prof. Martin Seligman, der als einer der Hauptvertreter der Positiven Psychologie gilt, als Referent auf. Er berichtete damals, dass sich die Psychologie in den letzten 30 Jahren in über 46 000 Artikeln mit Depression beschäftigt, sich aber mit der Freude in nur 400 Artikeln auseinandergesetzt habe. Es sei deshalb an der Zeit, dem »well-being«, dem Wohlbefinden, mehr Beachtung zu schenken. Ziel der Positiven Psychologie sei es, die Menschen glücklicher zu machen, indem sie ihnen hilft, positive Emotionen in Bezug auf Vergangenheit, Zukunft und Gegenwart zu erleben, einen Sinn im Leben zu finden und ihre Charakterstärken zu nutzen und zu erweitern. Dabei müssten nicht nur die Schulen, sondern auch Betriebe, Kommunen und andere Einrichtungen entsprechende Rahmenbedingungen schaffen. Ich freute mich sehr, dass er das Schulfach Glück als ein gutes Beispiel dafür, wie dies umzusetzen sei, hervorhob. Beim gemeinsamen Abendessen versprach er sogar, im darauffolgenden Jahr nach Heidelberg zu kommen, um mich bei der Verbreitung des Faches durch seine Anwesenheit zu unterstützen.

Seligman machte sein Versprechen wahr und kam 2011 tatsächlich nach Heidelberg. Mein Freund Dr. Phillip Streit und ich hatten einen zweiten Kongress in Zürich ausgerichtet, an dem auch andere namhafte Referenten wie Dr. Maja Storch und der weiter oben erwähnte Prof. Dr. Willibald Ruch teilnahmen. Kurze Zeit vorher war Seligmans neues Buch »Flourishing« auf dem Markt erschienen, worin er das Erblühen des Menschen durch die gute und gelingende Lebensführung beschreibt. Er sieht fortan das Ziel der Positiven Psychologie nicht mehr darin, den Menschen dabei zu unterstützen, glücklich zu *sein*, sondern ihm zu helfen, gute Voraussetzungen für das eigene Erblühen zu schaffen. Dafür sei es notwendig, gute Emotionen zu entwickeln, sich zu engagieren, Beziehungen zu pflegen, Sinn im Leben zu suchen und seine Ziele auch konsequent und mit Zuversicht zu verfolgen.

Wenn wir Seligmans Erkenntnis im Hinblick auf gute Entscheidungen nutzen wollen, ergeben sich hinsichtlich der Bewertung unserer Ziele und der damit verbundenen Entscheidungen bestimmte Konsequenzen, bei denen unseren gespeicherten Erfahrungen nebst den dazugehörigen Emotionen, unserer Intuition, eine besondere Bedeutung zukommt. In einem ersten Schritt müssen wir deshalb prüfen, ob das Ziel, das zur Entscheidung ansteht, tatsächlich auf Dauer unsere Lebensfreude steigert.

Im Herbst 2011 bat mich Hanna B. telefonisch um einen Beratungstermin. Sie hatte auf der Internetseite unseres Instituts (siehe Seite 180) gestöbert und einiges über unsere Aktivitäten herausgefunden. Sie sei weder krank noch habe sie irgendwelche Defizite, betonte sie im Telefonat. Sie wolle nur eine Beratung in einer wichtigen Phase ihres Lebens. Zu ihrem Erstaunen konnte ich ihr leider erst im Dezember einen Termin geben. Trotzdem war sie damit einverstanden und erschien pünktlich zum vereinbarten Termin in unserem Institut. Vor mir stand eine Frau, Mitte bis Ende dreißig, schlank, elegant gekleidet und mit sehr gepflegtem Äußerem. Alles in allem vermittelte sie den Eindruck einer jungen aufstrebenden Managerin. Nach kurzer Einführung kam sie auch direkt zur Sache. Sie sei im Marketing eines bekannten Pharmaunternehmens tätig, eine sehr lukrative Tätigkeit, die sie ausfülle und ihr und ihrer jungen Familie ein stattliches Jahreseinkommen in fünfstelliger Höhe sichere. Ihre Leistungen würden aber nicht nur materiell wertgeschätzt, die Arbeitsbedingungen seien auch sonst sehr gut. Trotz der ausgezeichneten Voraussetzungen verspüre sie immer Unlustgefühle im Job und den Wunsch nach Veränderung. Nachts würde sie manchmal aufwachen und ins Grübeln kommen, ob das überhaupt der richtige Job sei. Dabei würde sie versuchen, alle Vor- und Nachteile gegeneinander abzuwägen. Allerdings käme sie zu keinem Entschluss, weil sich am Ende der Betrachtung alle positiven und negativen Erwägungen wieder aufheben würden. Schließlich würden sich die kreisenden Gedanken im grauen Morgennebel der Müdigkeit ohne Resultat verflüchtigen. Das Einzige, was bliebe, sei ihre Erschöpfung. Am Ende ihrer Ausführungen fragte ich sie nach ihrem beruflichen Werdegang und warum sie sich diesen Beruf ausgesucht habe. Nach einem sehr erfolgreichen Schulabschluss habe sie sich entschlossen, Medizin zu studieren. Das Studium habe sie fast mühelos bewältigt. Während dieser Zeit habe sie ihren jetzigen Mann Paul kennen- und lieben gelernt. Kurze Zeit später, nachdem sie das Erste Staatsexamen abgelegt habe, sei der Entschluss zu heiraten gefasst worden. Das Praktikum im Krankenhaus sei für sie furchtbar gewesen. Sie habe sich vorher nicht vorstellen können, dass sie die dort vorherrschende Hierarchie so stark belasten könnte. Sie habe sich sehr gedemütigt gefühlt und sogar Albträume gehabt. Außerdem hätten sich die Prioritäten nach der Geburt des ersten Kindes verlagert. Wegen des Promotionsstudiums ihres Mannes habe sie sich verantwortlich für das Familieneinkommen gefühlt. Auf Anraten ihres Vaters habe sie sich bei einem Pharmakonzern beworben. Die Bewerbung war erfolgreich, und nach einigen Schulungen sei sie im Unternehmen Abteilungsleiterin geworden. Ich fragte weiter, warum sie den Beruf nicht wechseln würde. Das sei zum gegenwärtigen Zeitpunkt sehr schwierig, weil sie und ihr Mann im Augenblick gerade dabei seien, ein frei stehendes Haus mit Garten in Heidelberg zu kaufen. Ein schwieriges und mit hohen Kosten verbundenes Vorhaben, das berufliche Absicherung voraussetzt. Als ich sie fragte, wie ich ihr wirklich helfen könnte, antwortete sie: »Indem Sie mir helfen, mein inneres Gleichgewicht wiederzufinden.«

In den folgenden Gesprächen mit ihr kamen wir auch noch einmal auf die Zeit im Krankenhaus zurück. Offensichtlich bereute sie den damaligen Entschluss, nicht Ärztin zu werden. Ich schlug ihr vor, die Entscheidung von damals noch einmal zu überdenken und vielleicht zu korrigieren. Das komme gar nicht in Frage, denn dafür sei es längst zu spät. Mit fast 40 Jahren eine gesicherte Existenz aufzugeben und noch einmal von vorne anzufangen, das sei zu abenteuerlich. In der nächsten Sitzung berichtete sie dann allerdings von den Gesprächen mit ihrem Mann, der den Vorschlag offensichtlich gar nicht so abwegig fand. Immerhin hätten sie für das Haus eine ganz schöne Summe zur Seite gelegt, die man auch in die Ausbildung investieren könne, außerdem würde er sie nun gerne seinerseits unterstützen. Offensichtlich war ihre starke Ablehnung der Veränderung ins Wanken geraten. Keine einfache Entscheidung, quasi noch einmal von vorne anzufangen. Ich bot ihr deshalb an, sich genügend Zeit für ihren Entschluss zu nehmen und in fünf Einzelschritten für sich herauszufinden, ob es sich lohnt, das Medizinstudium wieder aufzunehmen.

In einem ersten Schritt war herauszufinden, ob die Entscheidung für die Ausbildung die persönliche Lebensfreude steigern würde. Um das selbst für sich zu entdecken, übergab ich ihr als »Hausaufgabe« vier Zettel. Auf dem ersten Zettel stand: »Meine erwartete Lebensfreude einen Monat nach erneutem Beginn des Praktikums«. Auf dem zweiten Zettel stand: »Meine Lebensfreude nach tatsächlichem Abschluss des Praktikums«. Auf dem dritten Zettel stand: »Meine Lebensfreude nach meiner Approbation als Ärztin«. Auf dem vierten Zettel stand: »Meine Lebensfreude nach zehn Berufsjahren als Ärztin«. Außerdem befand sich auf jedem Zettel eine durchgehende Linie, die in zehn Abschnitte eingeteilt war. Ihre Aufgabe bestand nun darin, auf jedem der vier Zettel die erwartete Lebensfreude zum jeweiligen Zeitpunkt einzuschätzen. Die Skala begann links bei eins, also ganz wenig Lebensfreude, bis zur Zehn für ganz viel Lebensfreude. Mit dieser Methode wollte ich sie weg von der verstandesmäßigen Entscheidungsebene führen. Bei einer Skala von eins bis zehn, bei der es um das Gefühl von Freude geht, ist es unmöglich, rational zu unterscheiden, wo man sich zum gegebenen Zeitpunkt befindet. Hanna schaute mich skeptisch an, steckte die vier Zettel ein und verabschiedete sich. Sie füllte tatsächlich die vier Zettel aus und brachte das Ergebnis zur nächsten Sitzung mit. Ihre Aussage: »Tendenz steigend«. Sie ging offensichtlich davon aus, dass der Arztberuf ihr im Lauf der Zeit immer mehr Lebensfreude bescheren könnte. Jedenfalls sei das Kreuz von zwei auf dem ersten Zettel bis auf acht beim letzten Zettel, also bei der Ausübung des Berufes nach zehn Berufsjahren, gewandert.

Jetzt folgte der zweite Schritt unserer Entscheidungsfindung: Ich fragte sie, ob der Arztberuf sie mehr als die Tätigkeit einer Managerin herausfordern würde. Hannas Antwort kam schnell und deutlich: »Am Krankenbett oder in der Praxis bin ich als Mensch viel mehr gefordert, als wenn es um Umsatz- oder Gewinnsteigerung geht.«

Im dritten Schritt fragte ich, ob sich dadurch ihre Beziehungen verbessern könnten. Hanna antwortete, dass sie sich dazu zum gegenwärtigen Zeitpunkt nicht äußern könne. Die Arbeitskollegen und -kolleginnen im Unternehmen seien im Prinzip nett, beschäftigten sich aber ihrer Meinung nach zu viel mit materiellen Dingen – »mein Haus, mein Pferd, meine Yacht«. Wichtig sei für sie im Augenblick die Beziehung zu ihrem Mann. Für ihn war ihr Studium der Medizin immer ein Anlass gewesen, nachzufragen. Auch die Bereitschaft, den Hauskauf aufzugeben bzw. aufzuschieben und sie tatkräftig zu unterstützen, deute die positive Wirkung auf die Beziehung an.

Ich fragte weiter, wie sie die Sinnhaftigkeit der neuen Tätigkeit im Vergleich zur alten sähe. Ihre Antwort kam ebenso deutlich wie die beim zweiten Schritt: »Na klar, was gibt es Wichtigeres, als sich um die Gesundheit der Menschen zu kümmern? Da kann es um Leben und Tod gehen, da ist doch jede Ärztin gefordert.«

Im letzten Schritt fragte ich sie, ob sie die feste Überzeugung habe, es bis zur Approbation durchzuhalten. Hanna antwortete sicher und klar, dass sie bisher alle Prüfungen mit gutem Erfolg geschafft habe und es keinen Grund gebe, anzunehmen, dass es dieses Mal anders wäre.

Hanna hat es tatsächlich geschafft, ihrem Glück auf die Sprünge zu helfen. Wie es der Zufall wollte, musste sie sich vertraglich außerdem zur Verschwiegenheit bezüglich Geschäftsgeheimnissen gegenüber allen Außenstehenden des Pharmaunternehmens verpflichten und bekam dafür sogar noch eine satte Entschädigung, die ihr den Start ins studentische Leben erleichterte.

Ich habe Hanna seit der Wiederaufnahme ihres Medizinstudiums nicht mehr getroffen, weiß also auch nicht, ob die Entscheidung für sie richtig oder falsch war. Es gibt auch bei der besten Entscheidungshilfe keine Garantie dafür, dass die getroffene Entscheidung nachher auch die richtige war. Vielmehr kommt es darauf an, ob wir sie zum Zeitpunkt der Entscheidung und danach unabhängig vom Ergebnis als sinnvoll empfinden. Deshalb sollten wir lernen, auch mit weniger guten Entscheidungen und mit uns selbst gut umzugehen. Es macht keinen Sinn, mit den getroffenen

Entscheidungen zu hadern. Alles »Hätte, Sollte, Könnte« hilft nicht weiter, ist kontraproduktiv und raubt nur Energie, auch für neue, wichtige Entscheidungen. Wir müssen uns nur ein wenig von dem Gedanken der »machbaren Welt« befreien. Wir sind und bleiben unvollkommene Geschöpfe, deshalb wird auch nicht jede Erwartung erfüllt, gelingt nicht jeder Plan, und nicht jede Beziehung bleibt auf ewig bestehen. Unser Streben nach Erfolg, Ansehen oder Liebe bleibt dann wirkungslos. Wir werden im wahrsten Sinne des Wortes ohnmächtig und in die passive Rolle des Erdulders, der Erdulderin gedrängt. Unsere innere Harmonie wird gestört, und in uns breiten sich Enttäuschung und Trauer aus, vielleicht sogar Hoffnungslosigkeit. Es entsteht das Gefühl von innerer Leere als Folge des Wegfalls eines sinnvollen Lebenszieles oder durch den Verlust eines Menschen, eines Tieres oder eines als angenehm empfundenen Zustands wie Heimat oder Geborgenheit. Niederlagen machen uns traurig, das ist menschlich. Als Menschen können wir aber auch lernen, mit Niederlagen umzugehen und sie als Bestandteil der Fülle unseres Lebens zu begreifen. Sie tragen zu unserem Erfahrungszuwachs bei, durch den wir reifer werden, durch den wir wachsen können.

Das Tor weit öffnen

Es gibt nichts Gutes, außer man tut es.

Diese wohlbekannte Redensart ist ein Epigramm aus der Feder Erich Kästners mit dem Titel »Moral«. Der Kern der Aussage lässt uns aufhorchen: Wie weit sind wir in der Lage, aus Denken und Reden auch Taten folgen zu lassen? Um wirklich gestalten zu können, müssen wir die Entscheidung auch umsetzen und auf das Ziel hinarbeiten, sonst können wir nur auf das gnädige Vergessen hoffen. Natürlich lohnt es sich auch manchmal zu warten. Vielleicht auf die bessere Gelegenheit, vielleicht auch darauf, dass der Sturm der Begeisterung oder Entrüstung sich gelegt hat. Einfach draufloszuhandeln, das hatten wir schon gehört, geht vor allem bei sehr einfachen Entscheidungen. Bei den wichtigen Entscheidungen ist ein Plan sicherlich nicht nur hilfreich, sondern sogar unerlässlich. Die Deutschen sind bekannt als wahre Meister im Planen, vielleicht sind sie sogar Weltmeister. Ich glaube, in kaum einem anderen Land wird Planung, Ordnung und Pünktlichkeit so groß geschrieben wie bei uns. Wir arbeiten unentwegt Finanzpläne, Zeitpläne, Produktionspläne, Trainingspläne und sogar Freizeitpläne aus. Eigentlich müsste bei uns alles wie am Schnürchen laufen. Trotzdem habe ich in meiner Zeit als Schulleiter immer wieder Lehrer und Schüler gesehen, die planlos schienen und dann überrascht waren, wenn der ersehnte schulische Erfolg oder berufliche Aufstieg ausblieb. Neben dieser Kein-Plan-Fraktion gab es noch die von mir spöttisch als Mañana-Fraktion bezeichnete Gruppe, das waren diejenigen, die alles auf morgen verschoben hatten. Sie hatten zwar angeblich einen Plan, wurden aber immer durch vorgeblich wichtige Ereignisse von der Realisierung ihrer Vorhaben abgehalten. Natürlich gibt es in jeder Schule Dienstpläne, Stundenpläne und Klassenbücher, die das größte Chaos verhindern, und trotzdem bleiben Ärger und Enttäuschung wegen der Nichteinhaltung eigener oder vorgegebener Planung nicht aus. Wahrscheinlich gab es zu keiner Zeit vorher so viele Kalender, Notizbücher, auch Google- und Doodleplanungen, die das Planen erleichtern sollen. Witzige Erinnerungsmöglichkeiten übers Handy oder Smartphone geben akustische oder visuelle Signale, um uns auf Spur zu halten. Die Möglichkeiten, sich selbst zu organisieren, sind nahezu unbegrenzt. Wir führen Listen und Tabellen für tägliche Verrichtungen und für längerfristige Ziele. Wir suchen Optimierungsstrategien bis hin zum wissenschaftlichen Operation Research, die uns sagen, wie wir es richtig machen könnten. Die uns sogar bis in die Verzweiflung treiben können, weil wir wieder einmal den inneren Schweinehund nicht besiegen konnten oder beim Abarbeiten der To-do-Listen das Gefühl haben, getrieben zu sein und nicht das zu tun, was uns wirklich wichtig ist. Aber mal ehrlich, was ist das Bedeutendste an der Planung? Sind es die Budgets für Ressourcen wie Geld, Zeit und die Optimierung von Abläufen oder ist es unsere innere Bereitschaft, etwas wirklich zu tun? Die einfachste Planungsstrategie zur Erhaltung und Steigerung der Lebensfreude müsste demnach lauten: Erledige zuerst deine wichtigen Ziele und nutze danach die verbleibende Zeit für die weniger wichtigen Dinge des Lebens. Da wir aber einem gesellschaftlichen und wirtschaftlichen Zeitdiktat unterliegen, haben wir, wie die Menschen in Michael Endes Roman »Momo«, verlernt, Wichtiges von Dringlichem zu unterscheiden. Wir hetzen durch das Leben, um beruflich und privat nichts zu verpassen. Um nichts zu verpassen, müssten wir eigentlich an verschiedenen Orten gleichzeitig auftreten.

Was früher unmöglich war, wird dank digitaler Technik nun zumindest virtuell möglich. Wir üben uns auf diese Weise immer mehr im Multitasking, also in der Fähigkeit, mehrere Aufgaben gleichzeitig auszuführen. Dank ausgeklügelter Informationssysteme und Übertragungsmöglichkeiten sind wir immer an den Puls der Zeit angeschlossen und ticken nach vorgegebenem Takt. Mit unserer Aufmerksamkeit, die von Natur aus begrenzt ist, sind wir nicht in der Lage, alle möglichen Reize aufzunehmen. Sie wird so zu einem begehrten und knappen Gut. Jeder versucht mit allen Mitteln und auf allen Gebieten, die Aufmerksamkeit des anderen auf sich zu lenken. Wir fühlen uns überfordert und sind am Ende des Tages ausgelaugt. Kein Wunder, dass viele von uns und vor allem Kinder unter Aufmerksamkeitsstörungen leiden. Unsere Maxime heißt nicht mehr, nach Wichtigkeit und Plan zu handeln, sondern nach dem Prinzip der Dringlichkeit: »Erledige zuerst das Dringendste, danach die Dinge, die weniger dringend sind usw.« Wir müssen deshalb unentwegt Mails oder SMS checken, müssen andauernd telefonieren, müssen die Börsenkurse unserer Aktien kontrollieren, unsere sozialen Kontakte »pflegen« oder sind im Internet auf der Suche nach den neuesten Sportergebnissen oder den tollsten Ebay-Schnäppchen. Wir versuchen, durch Multitasking Zeit zu sparen, und kommen in einen unglaublichen Stress, von dem wir uns nachher wieder vor dem Fernsehapparat zappend erholen müssen. Wir haben keine Zeit mehr, sind zu schwach für das Zubereiten eines guten Essens, zu müde für das Treffen mit Freunden – und schon gar nicht reicht die Zeit für das Erlernen eines Instruments, einer Sprache oder einer neuen Sportart, obwohl wir schon seit langer Zeit davon träumen und es unser Leben lebenswerter machen würde. Klar gibt es ganz dringliche Erledigungen, pflichtgemäß und fristgemäß zu erfüllende Aufgaben wie die Abgabe der Steuererklärung oder die Begleichung der angemahnten Rechnung. Die Überschreitung der Deadline hätte dann vielleicht tatsächlich gravierende Nachteile für uns zur Folge. Niemand aber würde uns dafür bestrafen, wenn wir zum Beispiel abends nicht mehr telefonisch erreichbar wären, um uns ungestört unserer Familie oder unserem Hobby zu widmen. Es ist allein unsere Entscheidung, Fernsehen und Computer am Wochenende auszuschalten und uns bei einem Waldspaziergang zu erholen. Vielleicht auch endlich Zeit für den ratsuchenden Freund zu finden und dafür, mit unseren Kindern zu spielen.

Leider gibt es für viele wichtige Dinge unseres Lebens keine Fristen. Sie können unentwegt scheinbar ohne weitere Folgen aufgeschoben werden, und trotzdem ist es leider irgendwann zu spät, das zu tun, was einem wirklich wichtig gewesen wäre. Wenn es uns nicht gelingt, Dringlich und Wichtig unter einen Hut zu bringen, müssen wir leiden. Unsere innere Harmonie wird gestört, wir ärgern uns über uns selbst oder über andere, die vermeintlich oder tatsächlich für unsere Misere verantwortlich sind. Aber müssen wir tatsächlich alles hinnehmen, erdulden, ertragen oder können wir das Heft nicht in die Hand nehmen? Kreatives Planen heißt eben nicht nur einteilen, sondern vor allem auch gestalten.

Wichtiges und Dringliches müssen keine Gegensätze sein

Ich lade Sie jetzt zu einem Experiment ein, das Ihnen helfen soll, Dringlich und Wichtig miteinander in Einklang zu bringen. Nehmen Sie einmal zwei gleich große Trinkgläser mit einem ordentlichen Durchmesser und vielleicht einem Volumen von 0,3 oder 0,4 Liter. Besorgen Sie sich so viel Sand, dass Sie das eine Glas ungefähr drei viertel voll mit Sand füllen. Für das andere Glas suchen Sie nicht zu kleine, aber auch nicht zu große Kieselsteine, mit denen Sie das zweite Glas ebenfalls drei viertel vollfüllen. Jetzt versuchen Sie, die Inhalte der beiden Gläser in einem Glas unterzubringen. Wenn Sie versuchen, das Glas mit dem Sand in das mit den Kieselsteinen zu entleeren, wird ungefähr die Hälfte des Sandes übrig bleiben. Umgekehrt bleibt Ihnen ein halbes Glas Kieselsteine übrig, wenn Sie die Kieselsteine in das Glas des Sandes ausleeren wollen. So oder so, Sie verlieren ein halbes Glas, entweder Sand oder Kieselsteine oder, anders ausgedrückt, ein Drittel des Gesamtinhaltes. Jetzt stellen Sie sich vor, dass die Kieselsteine die wirklich wichtigen Dinge Ihres Lebens darstellen und der Sand stellvertretend für die wirklich dringlichen Angelegenheiten steht. In beiden Fällen würden Sie unzufrieden werden. Entweder müssten Sie auf zwei Drittel Ihrer wichtigen Ziele, die wir im vorherigen Kapitel gefunden haben, verzichten oder Sie kämen andauernd in einen unglaublichen Stress, weil Sie zwei Drittel Ihrer wichtigen Termine verpassen. Die Lösung ist einfach: Nehmen Sie ein drittes Glas, stellvertretend für den guten und harmonischen Plan. Jetzt nehmen Sie einen Stein aus dem Kieselsteinglas und schütten behutsam den Sand aus dem Sandglas über den Kieselstein, bis dieser gut in den

Sand eingebettet ist. So nehmen Sie nach und nach jeweils einen Kieselstein und eine Prise Sand. Am Ende werden Sie feststellen, dass im dritten Glas alle Kieselsteine, also alle wichtigen Ziele, und der komplette Sand, also alle wirklich dringlichen Angelegenheiten, harmonisch vereint sind.

Jetzt nehmen Sie ein Blatt Papier für alle täglich geplanten oder realisierten Aktivitäten. Falten Sie das Blatt senkrecht zweimal, sodass drei Drittel entstehen. Auf das erste Drittel schreiben Sie die Dinge, die Ihnen im Leben wirklich wichtig sind und die Sie unbedingt erreichen wollen. Vielleicht haben Sie es an diesem Tag gerade erreicht oder sind ihm zumindest ein Stück näher gekommen. Wenn dem so ist, machen Sie einen Haken. Wenn Sie diesem wichtigen Ziel in der Zukunft etwas Nachdruck verleihen wollen, unterstreichen Sie es und machen dahinter ein Ausrufezeichen. Auf das zweite Drittel notieren Sie die Dinge, die wirklich dringlich waren, und auf das dritte Drittel die Dinge, die weder wirklich wichtig noch wirklich dringlich waren. Jetzt trennen Sie das letzte Drittel vorsichtig ab, schauen sich die nicht dringlichen, unwichtigen Aktivitäten noch einmal an und befördern es in den Mülleimer. Mit dem Rest erarbeiten Sie nachträglich einen konkreten Zeitplan für den vergangenen Tag. Sie werden feststellen, dass Sie, nachdem Sie den »Müll« aus Ihrem Tagesablauf entfernt haben, eine ganze Menge Zeit übrig gehabt hätten, um die wirklich wichtigen Dinge in Ihrem Leben weiterzuverfolgen oder die unerwarteten schönen Dinge des Lebens zu genießen. Dieser Plan gibt vielleicht einen Hinweis auf Veränderungsmöglichkeiten. Müssen Sie wirklich alle Informationen aufnehmen oder finden Sie eine Möglichkeit, die Spreu vom Weizen zu trennen?

Laut einer Umfrage des Bundesverbandes für Kommunikationswirtschaft, Bitkom, sind 82 Prozent der Beschäftigten außerhalb ihrer regulären Arbeitszeit erreichbar. Kein Wunder, wenn Bundesarbeitsministerin Ursula von der Leyen angesichts steigender psychischer Belastungen klare Regeln für die Erreichbarkeit in der Freizeit fordert. Es gibt Arbeitsschutzgesetze, die den Rahmen dafür stecken. Gleichzeitig liegt es in Ihrer eigenen Verantwortung, zu entscheiden, wie viel Beruflichem Sie in Ihrem Privatleben Raum geben. Wenn sie Ihre Mailbox zeitversetzt abhören, entscheiden Sie, mit wem Sie telefonieren und mit wem nicht.

Neuerdings brummt mein PC, wenn eine neue Nachricht eingeht. Das hält mich aber nicht davon ab, das, was ich gerade tue, weiter zu verfolgen. Mittags und abends sortiere ich meine Mails in zwei Ordner. Sie ahnen es wahrscheinlich schon: einen Ordner für die dringlichen Angelegenheiten, einen zweiten für die wichtigen, aber weniger dringlichen Dinge. Der verbleibende Rest wird gelöscht. Mit der eingehenden Post und eigenen Notizen mache ich es ähnlich. Auf meinem Schreibtisch habe ich für meine Briefe und sonstigen Papiere zwei Ablagen: eine für dringliche und wichtige Angelegenheiten und eine für wichtige Schriftstücke ohne Deadline. Mit diesen einfachen Hilfsmitteln gelingt es mir persönlich, die wirklich wichtigen Dinge trotz des täglichen Termindrucks der dringlichen Angelegenheiten nicht aus den Augen zu verlieren und Klarheit zu schaffen. Es verhindert kopflosen Aktionismus, schafft Wohlbefinden und beruhigt, weil es den Kopf frei macht für die weitere Vorgehensweise, für die wichtigen und schönen Vorhaben. Versuchen Sie diese Methode allerdings nicht, gegen Ihren Widerstand durchzusetzen. Vielleicht haben Sie schon hervorragende und bewährte Ordnungs- und Planungssysteme, die Sie nicht aufgeben sollten. Gehen Sie in jedem Fall behutsam mit sich um, auch wenn Sie mit Ihrem bisherigen Verfahren nicht zufrieden waren. Es gibt bestimmt gute Gründe, dass Sie sich so und nicht anders verhalten haben. Willentlicher Zwang könnte am Ende das Gegenteil von dem bewirken, was eigentlich vernünftig wäre. Behutsam mit sich umgehen heißt, kleine Schritte zu gehen und Kompromisse mit sich zu machen.

Ich darf Ihnen das am Beispiel meines Mitstreiters in Sachen Glück, Michael, erklären. Michael kam im Herbst 2008 als Praktikant an unsere Schule, schaffte schon bald seine Prüfungen, schrieb auf den allerletzten Drücker seine Diplomarbeit und wurde im darauffolgenden Jahr Referendar für die Fächer Sport und Wirtschaft an unserer Schule. Michael verkörpert, was viele als den »geborenen Lehrer« bezeichnen würden. Vielleicht liegt es daran, dass seine Eltern, selbst übrigens auch Lehrer, dafür gesorgt haben, dass er das Herz auf dem rechten Fleck hat. Er ist aber nicht nur ein »Pfundskerl«, sondern verfügt zudem über viele andere gute Eigenschaften und Stärken, die meines Erachtens unbedingt zu einem Lehrer gehören. Schüler und Kollegen mögen ihn vor allem wegen seiner Ehrlichkeit, Kreativität und Spontaneität. Mittlerweile ist er Studienrat in einer Schule in Eberbach, ist ehrenamtlicher Mitarbeiter in unserem Institut und unterrichtet neben seinen üblichen Fächern auch das Fach Glück an seiner Schule. Michael ist ein wirklich guter Lehrer geworden, der nach Aussage seiner Mutter ein lebendiges Beispiel dafür ist, dass man Glück lernen kann.

Zunehmend erfährt Michael allerdings, dass ein Lehrer neben dem Unterrichten auch jede Menge Verwaltungsarbeiten erledigen muss und von Terminen geplagt wird. Diese Kehrseite des Berufs gefällt den meisten Lehrern nicht, und trotzdem müssen diese administrativen Aufgaben erledigt werden. Der vielseitig interessierte Michael neigt dazu, die

Dinge, die ihm andere auftragen und die ihm weniger Freude bereiten, unabhängig von ihrer Dringlichkeit hintanzustellen. Dazu gehören Abrechnungen mit der Krankenkasse, Steuererklärungen, Bußgeldbescheide, Protokolle von Sitzungen usw. Das kann hin und wieder zu Problemen führen, die ihn aber offensichtlich nicht so stark belasten, dass er sein Verhalten wirklich ändert. Im Gegenteil, ich habe bei ihm den Eindruck gewonnen, dass er es unbewusst »Spitz auf Knopf« darauf ankommen lassen will und gerne dringliche Angelegenheiten verzögert. Offensichtlich liebt er die Spannung wie ein Bungeespringer und kann mit dem Restrisiko gut umgehen. Sein Leben nach dem Motto »Ich habe häufiger Probleme, aber habe Spaß daran« lässt jedenfalls, soweit ich das beobachten konnte, keine Langeweile aufkommen und verschafft ihm im Erfolgsfall sehr gute Gefühle.

Michael gehört meines Erachtens zu den »Arousal Procrastinators«, den sogenannten Erregungsaufschiebern. Eine rigide Selbstdisziplinierung oder, noch schlimmer, eine massive Bedrängung von außen könnte bei ihm sofort massive Unlustgefühle hervorrufen und das Gegenteil, die absolute Verweigerung, bewirken. Nichts wäre gewonnen, stattdessen könnten sich in ihm die klassischen Glückskiller Schuldgefühle, Angst und Ärger breitmachen. Beim betroffenen Gegenüber kämen überdies die Enttäuschung und die Wut über die Missachtung der Vereinbarung hinzu. Alles zusammen ist wohl wenig geeignet, die Lebensfreude, die sich von guten Beziehungen, von Leistungsbereitschaft und Kreativität nährt, zu steigern. Um den Konflikt seines Luststrebens und seines höherwertigen Kontrollverhaltens nicht allzu sehr zu strapazieren, bot ich ihm folgende Kompromisslösung an: Statt einer radikalen Umstellung seiner Lebensführung durch rigide Planungen schenkte ich ihm eine meiner beiden mit wunderschönen Intarsien verzierten Holzschatullen. Die beiden Kästchen sind Erbstücke und gleichen sich wie ein Ei dem anderen.

Ich erklärte, dass ich mich nur schwer von einem der beiden Behältnisse trennen könne, es aber bei ihm in »guten Händen« wisse. Michael war sehr beeindruckt und folgte gespannt meinen weiteren Ausführungen. Die geschenkte Schatulle sei nicht nur von außen schön anzusehen, sondern auch im Inneren unglaublich gediegen verarbeitet und wunderbar dafür geeignet, dringlich zu bearbeitende Schriftstücke aufzunehmen. Der auf dem Boden der Schatulle befindliche Spiegel sei jedoch nur zu sehen, wenn sie absolut leer wäre. Dass sie möglichst leer bliebe, sei auch die einzige Bedingung, die mit dem Geschenk verbunden sei. Seine Aufgabe bestünde nun darin, so zu bleiben, wie er ist, mit der kleinen Einschränkung, alles, was eine Frist beinhaltet, Erinnerungszettel, Mahnungen usw., rasch in die Schatulle zu befördern und, nach Erledigung, diese Erinnerungen wieder herauszunehmen. Am Wochenende sollte er nämlich im leeren Behältnis sein zufrieden lachendes Konterfei im Spiegel genießen können. »Keine allzu schwere Aufgabe«, wie er feststellte und sogar fleißig umsetzte. Michaels Beispiel klingt auf den ersten Blick banal, aber für die Erreichung eines Zieles braucht es immer einen ersten Schritt. Die Anregungen von Menschen, die einem nahestehen, können hilfreich sein, insofern sie erlauben, das eigene Ordnungssystem mit dem anderer zu vergleichen und Anregungen daraus in den Alltag einfließen zu lassen. Je beherzter und lustvoller der erste Schritt in Richtung einer positiven Veränderung getan wird, umso größer ist die Wahrscheinlichkeit, dass weitere folgen.

Übung: »Auf die Mischung kommt es an«, S. 163

Alles beginnt mit einem ersten Schritt

Einen ersten Schritt zu tun heißt, sich zu positionieren, die Richtung festzulegen und den Abstand zum Ziel herauszufinden. Für messbare Ziele geht das ganz einfach. Um herauszufinden, wie lange eine noch zurückzulegende Strecke ist, muss ich nur genau wissen, wo ich mich im Augenblick befinde und wo sich mein Ziel befindet, dafür gibt es Navigationsgeräte und Kilometerzähler. Auch die Zeit, die ich dafür brauche, kann ich errechnen, wenn ich meine Geschwindigkeit kenne. Um zu berechnen, wann ich mein Sparziel erreicht habe, brauche ich meine Sparrate und die Konditionen der Bank. Es gibt Waagen, Uhren, Thermometer und Zähler aller Art, die uns helfen sollen, die Entfernung zu unseren Zielen in irgendeiner Form zu zählen, zu messen oder zu wiegen.

Bei der Frage nach persönlichen Zielen, Haltungen und Befindlichkeiten versagen unsere technischen Geräte meistens. Wie finde ich morgens heraus, wie fit ich mich fühle, um den Tag erfolgreich zu bestehen? Sicherlich ergeben sich durch Blutdruckmessung und Beobachtung der Herzfrequenz erste Hinweise auf meinen Zustand. Mithilfe von komplizierten bildgebenden Verfahren könnte ich noch herausfinden, was sich in meinem Gehirn gerade abspielt und wie meine Stimmung sein könnte. Das alles sagt aber nichts darüber aus, ob ich es heute endlich schaffe, meinem Chef zu sagen, dass mich die Arbeit nicht mehr herausfordert und ich meine Stelle wechseln möchte. Es sagt auch nichts darüber aus, ob ich mir nach der Arbeit die Zeit nehme für Bewegung an der frischen Luft, in welcher Form auch immer. Messmethoden für vorliegende Fakten sind unerlässlich und sicherlich hilfreich, weil sie uns die Veränderungen anzeigen können. Sie sind in vielen Fällen auch notwendig, aber bedürfen weiterer subjektiver Ergänzungen, Einschätzungen und Vermutungen.

Auf die Waage zu steigen ist ganz nützlich und viele Schwergewichtige steigen allmorgendlich auf die Waage, um ihr Gewicht zu kontrollieren, aber abnehmen wird man dadurch nicht unbedingt. Die physische Konstitution eines Sportlers gibt noch nicht darüber Auskunft, ob er diese Potenziale im Wettkampf auch nutzen kann. Der Schüler oder Student, der sich auf eine Prüfung vorbereitet, kennt vielleicht die noch zu bearbeitende Seitenzahl, wie seine subjektiven Voraussetzungen für das erfolgreiche Bestehen der Prüfung sind, weiß er dadurch aber noch lange nicht.

Dabei lieben wir Indikatoren, die uns unsere Entwicklung bescheinigen und die uns so motivieren, weiterzumachen. Wie gerne stellen wir uns vor, es gäbe ein Gerät, das alle verfügbaren Messdaten über uns zusammenfasst und uns Aufschluss über den gegenwärtigen Stand unserer Vorhaben anzeigt. Wenn es ein solches Messgerät gäbe, so könnten wir den Fortschritt bei allen persönlichen Vorhaben und anzustrebenden Haltungen genau überprüfen. Wir wüssten, wo wir gerade stehen, wie weit wir schon gekommen sind und wie weit wir noch vom Ziel entfernt sind. Die gute Nachricht am Schluss: Wir alle tragen einen solchen Gradmesser in uns. In Sekundenschnelle sind wir nämlich in der Lage, eine intuitive Einschätzung ohne langwierige Beschreibungen für unsere augenblickliche Situation abzugeben und uns zu verorten. Ein Beispiel mag dies verdeutlichen:

Vor ungefähr zwei Jahren kam der erfolgreiche Bundestrainer für die Gewichtheber, Frank Mantek, in unser Institut, um sich inspirieren zu lassen und neue Ideen für die persönliche Entwicklung der von ihm betreuten Athleten zu sammeln. Frank Mantek gehört zu den besonders erfolgreichen Trainern seiner Zunft und gewann mit Matthias Steiner bei der letzten Olympiade die Goldmedaille der Gewichtheber. Für die nächste Olympiade in London hat er ebenfalls sehr hochgesteckte Ziele. Sein Motto, »Working for a dream«, bedeutet für ihn ein erneutes erfolgreiches Abschneiden seiner Mannschaft. Kein leichtes Unterfangen angesichts einer übermächtig scheinenden Konkurrenz, die ihm mit allen Mitteln diesen Erfolg streitig machen will. Frank war klar, dass es sich beim Gewinn einer Goldmedaille um ein kaum zu toppendes Erfolgserlebnis handelt, das eine Wiederholung fast ausschließt. Da Frank ein sehr ehrgeiziger und ambitionierter Trainer ist, sucht er trotzdem ständig nach neuen Methoden, die die Leistungsfähigkeit seiner betreuten Sportler steigern könnten.

Bei uns suchte er Anregungen, um die Lebensfreude seiner Aktiven zu steigern. Da Lebensfreude eng mit eigenen Haltungen verknüpft ist, stellte ich ihm nach und nach mein Trainingsprogramm zur Persönlichkeitsentwicklung für die unterschiedlichen Einsatzbereiche Sport, Klinik, Schule und Unternehmen vor. Unter anderem auch die in Anlehnung an Steve de Shazers therapeutisches Vorgehen entwickelte Methode, um herauszufinden, wie nah oder fern man sich von seinem angestrebten Ziel fühlt und welche Stärken zur Zielerreichung noch zusätzlich aktiviert werden könnten. Bei dieser Methode wird das anzustrebende Ziel durch ein Bild, einen Text oder einen Gegenstand visualisiert und an einer Wand des Raums platziert. In der Übung mit Frank Mantek hieß das Ziel London 2012. In einem zweiten Schritt legte ich auf den Boden zehn aneinander befestigte, 20 x 20 Zentimeter große Karten, auf denen die Zahlen Eins bis Zehn gedruckt sind. Nun forderte ich Frank auf, einen Platz auf dieser Skala einzunehmen, der verdeutlicht, wie nah oder fern er sich seinem Ziel glaubt. Die Eins steht für »ganz weit weg«, und die Zehn bedeutet »ganz nah am Ziel«.

Frank schaute mich zunächst etwas verwundert an und benötigte einige Zeit, um sich tatsächlich zu entscheiden. Das war eine normale Reaktion, weil dabei eine intensive Wechselwirkung zwischen Kognition und Emotion stattfindet, die viele Fragen aufwirft und deshalb zeitintensiv ist. Letztlich ist unser Verstand nur bedingt in der Lage, die vielen Fragen, wie zum Beispiel »Wo stehe ich eigentlich?«, »Wie fühle ich mich?«, »Kann ich es wagen, mich so weit nach vorne zu stellen?«, zu beantworten. Die Entscheidung, welcher Standort gewählt wird, wird deshalb meist emotional, also aus dem Bauch heraus, getroffen. Genau das ist aber beabsichtigt, denn damit gelingt es, ganzheitlich alle kognitiven, emotionalen und körperlich gemachten Erfahrungen einzubeziehen, um die Einschätzung vorzunehmen. Ich weiß nicht mehr genau, ob sich Frank die Zahl Sechs oder Sieben aussuchte. Für ihn war entscheidend, dass er noch viele Potenziale verspürte, die es in der Planung bis zur Olympiade zu aktivieren galt. Frank war begeistert von dieser Methode und entschloss sich, sie in sein Trainingsprogramm zu integrieren. Er sieht in ihr eine Ergänzung der physischen Messung der Leistungsfähigkeit und eine weitere Möglichkeit, verborgene mentale Stärken zu finden und zu aktivieren.

Die folgende Übung entfaltet ihre volle Wirkung am besten in einer Gruppe. Im Training für Schulklassen, Mannschaftssportarten oder in Mitarbeiterschulungen lasse ich oft möglichst viele Teilnehmer mitwirken. Nachdem der Standort und die Entfernung durch die Platzzahl von einem Mitglied der Gruppe ausgewählt wurden, werden die übrigen Mitglieder als Repräsentanten für dessen Stärken von ihm bestimmt. So steht zum Beispiel Kai für die Ausdauer, Jürgen für den Mut und Henry für den Humor. Die Repräsentanten stellen sich in einer Reihe hinter den betreffenden Teilnehmer und berühren jeweils mit den Händen die vor ihnen stehende Person. Jetzt soll sich der ganz vorn stehende Spieler mit allen Sinnen vorstellen, er habe das Ziel schon erreicht. Wie werden die Menschen in seiner Umgebung reagieren, wenn er sein Ziel erreicht hat? Welche Farben, Klänge oder Gerüche nimmt er dann wahr? Was hat sich in seiner Umgebung verändert? Durch diese Übung entsteht spürbar Lebensfreude in der Gruppe, weil ihre Mitglieder sich ihrer Stärken bewusst werden und die unmittelbare Nähe des Ziels spüren. Vertrauen in die eigenen Stärken und der Glaube, das Ziel wirklich umsetzen zu können, stärkt die innere Bereitschaft, den Entschluss wirklich umzusetzen. Es ist leicht nachzuvollziehen, dass Menschen, die sich optimistisch auf den Weg machen, ihre Ziele zu erreichen, und die die gemachten Fortschritte deutlich spüren, sich wohler fühlen als andere.

Im Anschluss an diese Zielübung fordere ich die Teilnehmer auf, jeder für sich einen konkreten Plan für ein wichtiges angestrebtes Ziel zu erstellen. Wann soll mit dem Projekt begonnen werden? Was sind die nächsten kleinen Schritte? Welche Etappen sollen in welcher Zeit erreicht werden? Gibt es ein Zeitlimit, eine Deadline? Dazu gehören auch die Antworten auf wichtige Fragen, wie: Woran erkenne ich oder erkennen die anderen, dass ich das Ziel oder ein Teilziel erreicht habe? Auf keinen Fall dürfen Belohnungen für erledigte Abschnitte vergessen werden: Wie fühle ich mich, wenn ich meine Etappe oder mein Ziel erreicht habe? Was gönne ich mir und welche Anerkennung erwarte ich von den anderen?

Um auch Schwierigkeiten bei der späteren Realisierung zu überwinden, ist es ratsam, sich im Vorfeld einen Plan B zurechtzulegen, der die eventuell auftretenden Hindernisse schon berücksichtigt. Zum Beispiel: Was werde ich tun, wenn mein Chef, nachdem ich ihm die Kündigung überreicht habe, mir eine satte Gehaltserhöhung verspricht? Was mache ich, wenn ich mein Fitnessprogramm nicht durchführen kann, weil ich so viel arbeiten muss? Auch hier empfiehlt es sich, eine Liste mit möglichen Schwierigkeiten zu erstellen und den Umgang mit ihnen zu formulieren. Damit nicht nur die rationalen, sondern auch die emotionalen Aspekte von Hinderungsgründen erspürt werden können, bitte ich den Teilnehmer, sein Ziel am Ende der Strecke zu fixieren und ihm langsam entgegenzugehen. Vorher soll er aber auf dem Weg zum Ziel rechts und links jeweils einen Gegenstand als Symbol für eine seiner Stärken und für ein mögliches Hindernis aufstellen. Während er sich nun ganz langsam seinem Ziel nähert, schaut er abwechselnd auf die Stärke und auf das Hindernis. Indem seine Augen immer wieder zwischen Stärke und Hindernis hin- und herpendeln, gewinnt die Stärke subjektiv an Kraft, während das Hindernis an Bedeutung verliert. Sobald er diesen Effekt spürt, geht der Teilnehmer zur nächsten Stärke und zum nächsten Hindernis und wiederholt die Übung des Pendelns, bis er schließlich das Ziel erreicht hat.

Diese Form des Planens mag Ihnen auf den ersten Blick ein wenig ungewohnt erscheinen und Sie verwundern, aber sie soll dazu beitragen, dass Sie Ihre wichtigen Ziele richtig verinnerlichen. Die Methode berücksichtigt unsere besondere Fähigkeit, Ereignisse gedanklich und damit in der Folge auch emotional vorwegzunehmen. Die Imagination schenkt uns die Vorfreude, die zur Stärkung der Bereitschaft, es wirklich zu tun, ganz wichtig ist. Der auf diese Weise gestärkte Wille hilft uns, unser Ziel trotz auftretender Widerstände wie Ärger, Demotivierung und unbegründete Angst weiterzuverfolgen. Das körperliche Erlebnis, seinem Ziel entgegenzugehen, macht unseren Körper mit dem Ziel vertraut. Bei der Umsetzung des Plans werden uns viele Ereignisse bekannt vorkommen. Wir werden ihnen deshalb gelassen begegnen können. Die vorweggenommenen Hindernisse werden uns nicht ängstigen, vielmehr werden wir sie als Herausforderung verstehen, die es zu bewältigen gilt.

Sie können die beschriebene Vorgehensweise auch alleine durchführen, indem Sie alle beschriebenen Schritte nacheinander selbst gestalten. Nutzen Sie die Übungen im Übungsteil:

Übung »So kann ich es schaffen!«, S. 165

Übung »Dem Glück ins Auge schauen«, S. 167

Übung »Schritt für Schritt dem Ziel entgegen«, S. 168

Was wollen wir wirklich?

Trotz anfangs bester Absichten und tollster Pläne gelingt es nicht immer, die gefassten Pläne wirklich umzusetzen. Meinen Plan, mich noch einmal einem Ironman-Triathlon zu stellen, habe ich nun schon seit drei Jahren verschoben. Ich finde leider nicht die Zeit für das dafür notwendige Training. Vielleicht ist das ja auch gut so, weil es mich überfordern und meine Gesundheit gefährden könnte. Anders ist die Sachlage beim längst fälligen Zahnarztbesuch oder bei der bereits angemahnten Abgabe meiner Steuererklärung. Hier muss der Plan oder, besser gesagt, die Pflicht erfüllt werden. Aber auch so einfache Dinge wie meine Garage, meinen Schreibtisch oder meinen Werkzeugschrank endlich aufzuräumen schiebe ich trotz bester Vorsätze nur allzu gerne auf oder überlasse sie dem gnädigen Vergessen.

Ein anderes Mal habe ich richtig Lust aufzuräumen. Auch bei Einladungen und der Wahrnehmung von Terminen habe ich unterschiedliche Empfindungen. Während ich den Termin ausmache, verspüre ich meistens Lust, mich zu treffen, einzuladen oder eingeladen zu werden. Sobald der Termin näher rückt, kommt es zu unterschiedlichen Reaktionen. So manche langfristig geplante Verabredung würde ich in letzter Minute gerne absagen, weil ich sie als Einschränkung meiner persönlichen Freiheit sehe und lieber etwas anderes oder nichts machen würde. Manchmal frage ich mich, was ich eigentlich darf, will oder muss. Ist es die Qual der Wahl, die Überforderung, die Vorsicht, die Angst oder gar das fehlende Pflichtbewusstsein? Am Ende ist es nur die Bequemlichkeit, die Komfortzone zu verlassen und endlich loszulegen. Ich fühle mich dann an Viktor E. Frankls Ausspruch (zitiert nach Lukas, Mensch sein heißt Sinn finden, S. 19) erinnert: »Im Gegensatz zum Tier sagt dem Menschen kein Instinkt, was er *muss*, und im Gegensatz zum Menschen in früheren Zeiten sagt ihm keine Tradition mehr, was er *soll* – und nun scheint er nicht mehr recht zu wissen, was er eigentlich *will* …«

Frankl stellt hier Grundsatzfragen: Was wollen wir eigentlich wirklich und wodurch werden wir gelenkt? Alle wollen zwar ein gelingendes Leben führen, aber das ist leichter gesagt als getan. Wir besitzen dank unserer geistigen Fähigkeiten und unserer demokratischen Grundordnung zwar die Freiheit, unser Handeln selbst bestimmen zu können, aber leider oder zum Glück gibt es noch unser Unterbewusstsein, das uns sagt, wo es langgeht. Neurophysiologen haben in Untersuchungen festgestellt, dass es, kurz bevor die willentliche Absicht getroffen wird, etwas zu tun oder zu lassen, in unserem Gehirn schon eine nicht willentlich bestimmte Bereitschaft dazu gibt. Es wäre nun aber vermessen zu behaupten, dass es immer eine physiologische Vorbestimmung unserer Entscheidungen gibt. Es ist die Persönlichkeit als Ganzes mit ihren physiologischen und psychischen Voraussetzungen, ihren Erfahrungen und Werteorientierungen, die bestimmt, was Sache ist.

Im Laufe unseres Lebens haben wir durch eigene Erfahrungen und durch Nachahmung von Werthaltungen anderer eine individuelle Sicht auf die Welt gewonnen. Unser unverwechselbarer Charakter zeigt sich in unseren Grundhaltungen und inneren Einstellungen. Wir haben ein inneres Leitsystem von Handlungsmaximen, ein eigenes Muster, entwickelt, das in Verbindung mit unseren Bedürfnissen unser Leben und die damit verbundenen Handlungen bestimmt. So unterschiedlich die Menschen und ihre Charaktere sind, so unterschiedlich sind auch ihre Ziele und die dazu notwendigen Handlungen bzw. auch deren Unterlassung. Aus alledem ergibt sich, dass das Glück, insbesondere die Art und Weise, wie es angestrebt wird, eine sehr individuelle Angelegenheit bleibt. Die Freiheit eines jeden Einzelnen war deshalb von jeher ein wichtiger und guter Grund bei der Suche nach dem Glück.

Staatliche Glücksversprechen waren und sind immer mit Vorsicht zu genießen. Zu individuell sind die Glücksentwürfe der einzelnen Bürger, um sie einem gesellschaftlichen Glücksentwurf unterzuordnen, der womöglich mit dem Verzicht auf Freiheit einhergeht. Glück braucht aber Freiheit und kann weder verordnet noch als Maximierung des Gemeinwohls, des Optimum Optimorum, suggeriert werden. Ist doch fehlende Freiheit zugleich eine Erklärung dafür, warum Glücksutopien wie die von Thomas Morus oder die Anti-Utopien wie die von Aldous Huxley zum Scheitern verurteilt waren. Beide versuchten, dem menschlichen Streben nach Glück einen allgemeingültigen, empirischen Ort zu geben, den es eben nicht besitzt.

Trotzdem bleibt die Frage, ob es nicht Grundhaltungen und Einstellungen gibt, die das Glück des Handelns begünstigen. Mit Handeln meine ich sowohl das zielgerichtete Tun als auch das Vermeiden.

Handeln nach dem Lustprinzip

Schon in der Antike gab es Menschen, die allen anderen aufzeigen wollten, welcher Weg der richtige sei. Manche behaupten, Aristippos von Kyrene, der von 435 bis 353 v. Chr. lebte und Schüler von Sokrates war, sei der eigentliche Begründer der philosophischen Glückslehre. Die als Hedonismus (altgriechisch: hedone = Lust, Freude usw.) bekannt gewordene Lehre geht davon aus, dass der Sinn allen menschlichen Daseins in der körperlichen Lust zu finden sei. Aristippos schlägt deshalb als Maxime des Handelns vor, die Lust zu maximieren und dem Schmerz auszuweichen.

Die von Freud gewählte Gleichsetzung von Glück und Lust (s. o.) bestätigt sich am Verhalten vieler Menschen, die zwar nach Glück streben, aber eigentlich nur die Lust maximieren, ohne dabei zu erkennen, dass das in doppelter Hinsicht gefährlich ist, erstens weil die Fortdauer des Lustgefühls das Genießen des Kontrasts zwischen Lust und Unlust verhindert und zweitens weil Lustbefriedigung wegen der möglichen Abhängigkeit auch Leiden hervorbringen kann.

Vor einer Weile traf ich in einer Musiksendung einen bekannten, bereits in die Jahre gekommenen deutschen Schlagerstar. Ich erzählte ihm vom Schulfach Glück und wie wichtig es sei, sich auf die Suche nach den guten Gründen für das Glücklichsein zu machen. Seine Antwort war: »Ich habe das Glück schon gefunden.« Meine Einwendung, dass das Glück mehr als Weg denn als Ziel zu verstehen sei, wischte er kurzerhand vom Tisch. Er lebe seit Jahren als ausgemachter Hedonist und suche nach allem, was ihm Genuss verspreche.

Das Leben sei ohnehin nur eine große Party, die durch die ab und zu auftretende Müdigkeit unterbrochen würde. Auch den Einwand, dass die Evolution in uns Glück mehr als Motor für aktives Handeln und weniger als Dauerzustand des passiven Genusses angelegt habe und wir deshalb letztlich die Hochmomente des Glücks bei andauerndem Genuss nicht mehr verspüren könnten, ließ er nicht gelten. Auf ihn träfe das auf jeden Fall nicht zu, erklärte er lachend. Eine Abkühlung seines Glückslevels habe er bisher noch nicht festgestellt. Im Gegenteil, er habe das Gefühl, dass er sich in letzter Zeit immer wohler fühle. Hatte er womöglich recht?

Ich glaube an die »hedonistische Tretmühle«, bei der die pausenlose Aneinanderreihung von Glücksmomenten zu einer Gewöhnung führt. Um diesen Zustand aufrechtzuerhalten, bedarf es immer neuer Anreize, die stärker als die vorangegangenen sind, damit es nicht zu einem Abfall der Stimmung kommt. Tretmühle heißt sie deshalb, weil wir wie die Hamster im Rad strampeln, um durch Anreize unser Glücksniveau zu heben, es uns aber tatsächlich nicht gelingt. Wirtschaftlich gesehen spricht man von einer Endlosschleife des Konsums, weil schon kurz nach dem Erwerb des Gutes die dahinter stehenden Befriedigungen von Neugier und eventuell Anerkennung verpufft sind und die Sehnsucht nach neuer Befriedigung erneut aufkeimt.

Dass sich wiederholende Glücksgefühle süchtig machen, ist schon seit Langem bekannt. Die Wissenschaftler James Olds und Peter Milner pflanzten 1954 in das Gehirn von Ratten dünne Elektroden ein, mit denen sie den Nucleus accumbens, das Belohnungszentrum, elektrisch stimulierten. Nach kurzer Zeit hatten die Ratten gelernt, diese Impulse selbst auszulösen. In der Folge betätigten sie ununterbrochen den Auslöser und zeigten Suchtverhalten. Sie vergaßen ihren Schlaf, ihr Futter und sich zu vermehren. Andere Versuche mit Tieren, bei denen die Konditionierung ebenfalls mit einer Belohnung verbunden war, zeigten ähnliche Ergebnisse. Offensichtlich spielt das Belohnungssystem eine entscheidende Rolle in unserem Verhalten. War der von unserem Popstar angesprochene Hedonismus am Ende vielleicht nichts anderes als die Suche (oder, treffender vielleicht, die Sucht) nach immer neuen Möglichkeiten, das Belohnungssystem zu stimulieren?

Untersuchungen an Spielsüchtigen, aber auch an Extremsportlern zeigen die Folgen der unablässigen Suche nach dem »Kick«, dem Reiz, der uns Glücksgefühle als Belohnung beschert. Wissenschaftler konnten nachweisen, dass solche Reize zur vermehrten Ausschüttung von Dopamin führen und die Neuronen im Nucleus accumbens, die auf Dopamin besonders reagieren, Glücksgefühle entstehen lassen. Gleichzeitig konnte nachgewiesen werden, dass viele euphorisierende Drogen wie Kokain, Opiate und Amphetamine ähnliche Wirkungen zeigen. Auch sie führen zur Ausschüttung von Dopamin und regen das Belohnungssystem an. Die Folgen sind fatal, denn am Ende entstehen die Abhängigkeiten und Exzesse, mit denen nicht nur erfolgsverwöhnte Prominente zu kämpfen haben, sondern auch die vielen armen und reichen Drogensüchtigen auf der ganzen Welt.

Zurück zu unserem alternden Popstar und seinem hedonistischen Glücksverständnis. Befindet er sich durch seinen ausschweifenden Lebensstil wirklich in der hedonistischen Tretmühle, die ihn von immer neuen und sich steigernden Glücksmomenten abhängig macht? Beobachten konnte ich nur seine vitale Lebensfreude und eine unglaubliche Lust, sich darzustellen. Sicherlich ist sein Lebenswandel, von Auftritt zu Auftritt und von Party zu Party zu eilen, nicht jedermanns Sache. Aber offensichtlich gab es für ihn hinter dem ganzen Rummel, den er da veranstaltete, mehr, als nur seiner unkontrollierten Lust zu frönen. Er hatte es im Gegensatz zu vielen seiner Kollegen geschafft, mit über 60 Jahren sein Publikum immer noch zu begeistern und sich den Herausforderungen, die mit öffentlichen Auftritten einhergehen, zu stellen und dabei Lust zu empfinden. Dass er dazu keinen Alkohol braucht, wie er sagte, spricht für ihn. Vielleicht hatte er sogar recht, wenn er behauptete, dass sein Glückniveau durch seine Lust am Feiern gesteigert würde. Dazu sage ich ja, wenn es einen Grund dafür gibt und es nicht zu exzessiv ist. Vielleicht orientierte er sich auch unbewusst an Epikur und dessen Verständnis von Lust. Epikur unterscheidet zwischen »vernünftigen« und

»unvernünftigen« Begierden. Die Befriedigung »unvernünftiger« Begierden führe zwar kurzfristig zu einem Lustzuwachs, sei aber auf lange Sicht mit Schmerzen verbunden. Zu dieser Kategorie gehören seiner Meinung nach vor allem die Völlerei und andere Formen menschlicher Exzesse. Seine These lautet, dass der Mensch, der sein Verlangen mäßigt, dauerhaft höchste Lust erfahren kann. Epikurs Hedonismus sieht die Lust in direkter Verbindung mit der Kontrolle. Sich zu mäßigen heißt, sich zu kontrollieren, nicht abhängig zu sein und die Übersicht zu behalten. Wenn das seine Handlungsmaxime ist, dann ist sein Verständnis von lustbetontem Leben wohl geeignet, eigene und fremde Lebensfreude zu fördern.

Die innere Balance finden

Natürlich kann man alles Luststreben durch den eisernen Willen kontrollieren. Es bleibt allerdings fraglich, ob das auf Dauer durchzuhalten ist, und, wenn es gelingt, ob man damit ausgeglichen und zufrieden ist.

Die Übersicht zu behalten heißt deshalb auch, die Balance zwischen unserem Luststreben einerseits und unserem Kontrollstreben andererseits zu finden. Die Balance zu finden und auch zu erhalten erfordert so wie das Balancieren auf einem Seil, einem schmalen Grat oder wackligem Untergrund eine innere Beweglichkeit. So wie ich das Gewicht meines Körpers beim Balancieren immer neu verlagern muss, kann die innere Harmonie zwischen Lust und Kontrolle nur durch die Wahrnehmung und Berücksichtigung meiner unterschiedlichen inneren Bestrebungen gelingen. Einerseits reagieren wir instinktiv und aufgrund der Gewöhnung ganz unbewusst auf die unterschiedlichen Reize durch unser Verhalten im Sinne von Lustgewinn und Schmerzvermeidung. Andererseits sind wir aber auch ständig bemüht, so zu handeln, dass wir unseren konkreten Zielen ein Stück näher kommen. Eine nicht ganz leichte Aufgabe angesichts der Vielzahl von Reizen, denen wir Tag für Tag ausgesetzt sind. Um die Übersicht in diesem Balanceakt zu behalten, ist es notwendig, sich im wahrsten Sinne des Wortes selbst besser kennenzulernen. Betrachten Sie deshalb Ihre inneren Anteile als Ihre Freunde, mit denen Sie vorhaben, ein gemeinsames Ziel zu erreichen. Freunde, die gemeinsam unterwegs sind, sollten sich in aller Regel gut kennen und ihre unterschiedlichen Erwartungen vor der Reise aufeinander abstimmen. Machen Sie deshalb vor der Umsetzung Ihre Pläne mit Ihren inneren Freunden bekannt, loten Sie die unterschiedlichen Bedürfnisse aus. Zu Ihren Reisebegleitern gehören bestimmt die beiden Brüder »Verantwortlich« und »Leichtfuß«, bei denen der eine gerne die Kontrolle haben möchte, während der andere das Leben in vollen Zügen genießen möchte. Vielleicht gibt es auch die beiden unterschiedlichen Schwestern, von denen die eine schnell unter die Haube kommen möchte und nach Bindung strebt, während die andere eher autonom bleiben will und unablässig versucht, ihren Selbstwert zu steigern, dann aber wieder unter dem Alleinsein leidet.

Natürlich gibt es neben diesen vier Freunden noch viele andere Weggenossen in Ihnen, etwa den Neugierigen, den Mutigen, den Helfer, den Leistungsorientierten, die Sie vorwärts- und weiterbringen wollen. Vergessen wollen wir auch nicht den Vermeider in Ihnen, den Angsthasen, den Lustlosen und vielleicht sogar den Hilflosen. Alle gehören zu Ihnen und möchten dabei sein, wenn Sie loslegen wollen.

Machen Sie sich deshalb vertraut mit ihnen, laden Sie Ihr Team ein, sich mit Ihnen und unter sich auseinanderzusetzen, das schützt vor Konflikten während des eigentlichen Tuns. Um unsere inneren Partner schätzen zu lernen, müssen wir sie, oder besser gesagt uns, fragen, worin die gute Absicht, uns zu helfen, liegen könnte. Um den Überblick zu gewinnen, nehmen Sie einen Bogen weißes Papier und falten es senkrecht in der Mitte. Danach schreiben Sie links den Partner und rechts sein Pendant. Also zum Beispiel links Ihren lebenslustigen, geselligen inneren Freund und rechts den ängstlichen Anteil, der sich fürchtet, alleine zu sein. Vergessen Sie niemanden, weil der vernachlässigte Freund schnell verärgert sein könnte. Schauen Sie sich danach alle Ihre Freunde auf der Liste an und überlegen Sie sich, bei welchen täglichen Verrichtungen Ihre inneren Freunde als Unterstützer oder Bremser auftauchen und warum das so ist.

Auch unter Freunden gibt es Missverständnisse und Enttäuschungen. So könnte es Bruder Leichtfuß schnell falsch verstehen, wenn Sie ihm plötzlich durch Leistungsdruck Vorgaben machen, die dem bis dahin vermuteten spielerischen Charakter der ausgeübten Tätigkeit widersprechen. Denken Sie nur an die leichtfüßige Art unserer Kinder zu lernen, bis ihnen in der Schule vielleicht durch Notendruck und elterliche Erwartung die Freude am Lernen und damit die Leichtfüßigkeit verloren geht. Was passiert mit dem genüsslichen Gourmet, wenn er statt der Speisekarte plötzlich die vom Arzt verordnete Kalorientabelle studieren muss? Die Balance zu halten heißt in diesem Kontext, darauf zu achten, dass alle inneren Anteile zunächst genügend Beachtung finden. Für ihre Existenz gibt es nämlich gute Gründe, die gewürdigt werden müssen.

Nur wer achtsam ist, kann mögliche Disharmonien und Ungleichgewichte erspüren.

Als Multitaskingspezialisten sind wir es gewöhnt, mit Vollgas auf der Überholspur des Lebens zu rasen. Es ist deshalb für uns ungewohnt, aufmerksam mit uns zu sein und unsere Umgebung wahrzunehmen. Es lohnt sich, bewusst zu sehen, zu hören, zu fühlen, zu riechen und zu schmecken, weil es oft die scheinbar kleinen Dinge sind, die als gute Erfahrungen unser inneres Team zufriedenstellen und helfen, mit guter Laune wichtige Dinge in Angriff zu nehmen. Mit allen Sinnen achtsam zu sein heißt aber vor allem, erst einmal das Tempo zu verlangsamen, zu entschleunigen und ruhiger zu werden. Das geht nicht auf Kommando, sondern will geübt werden. Am besten, Sie beginnen damit schon morgens beim Aufstehen. Denn morgens wartet eine Fülle von Möglichkeiten auf Sie, sich in der Entschleunigung zu üben. Wir starten den Tag in aller Regel nach einer Ruhephase und es schreibt uns niemand vor, wie wir ihn beginnen. Hektisch, unter Druck und vollgefüllt mit den Gedanken an die Aufgaben und Pflichten, die auf uns warten, oder entspannt im Hier und Jetzt. Es lohnt sich, die morgendlichen Verrichtungen zu kultivieren, weil die Sensibilität und Aufmerksamkeit für sein Selbst, für seinen Körper und die Dinge, die einem begegnen, morgens sehr ausgeprägt sind.

Früher neigte ich zum sogenannten »Kaltstart«. Ich dachte, dass ich Zeit gewinnen könnte, wenn ich bis zur letzten Minute im Bett blieb, schnell unter die Dusche sauste, mich in Windeseile anzog, einen heißen Kaffee hinunterschüttete und losstürmte. Für eine Zeitersparnis von vielleicht 15 bis 20 Minuten habe ich unbewusst eine ganze Reihe einzelner Glücksmomente einfach wegrationalisiert. Im Lauf der letzten Jahre habe ich gelernt, dass es sich lohnt, sich die Zeit zu gönnen und schon vor dem Aufstehen seinen Körper bewusst wahrzunehmen.

Mein Wohlfühlprogramm am Morgen beginnt mit einem behaglichen Recken und Strecken. Ich spüre in mich hinein und genieße das langsame Erwachen. Ich achte auf die Geräusche, die ich höre. Ich versuche, sie zuzuordnen: das Gezwitscher der Vögel, das Miauen der Nachbarskatze, das Klappern der Fensterläden oder die Geräusche der vorbeifahrenden Straßenbahn oder der Autos. Ich öffne langsam die Augen und versuche, die Umgebung um mich herum bewusst wahrzunehmen. Dann versuche ich, über die Wahrnehmung der Helligkeit im Zimmer, ohne dass ich das Licht anschalte, herauszufinden, welches Wetter mich heute erwartet. Wird es wohl ein sonniger oder ein regnerischer Tag? Jetzt neugierig geworden, stehe ich auf, öffne das Fenster und versuche, den Duft des Gartens zu riechen, der sich entsprechend der Jahreszeit verändert. Ich spüre die Kälte oder die Wärme, die mir entgegenströmt. Ich versuche, tief zu atmen und mich als Teil dieser wahrgenommenen Gesamtkomposition zu verstehen. Ich setze Kaffee auf und fange geruhsam mit der Morgenhygiene an. Dabei erwarte ich das zischende und brodelnde Geräusch unserer kleinen Kaffeemaschine, die darauf wartet, von der heißen Herdplatte geschoben zu werden. Wenn ich im Bad fertig bin und mich angekleidet habe, zelebriere ich ausführlich mein Frühstück, genieße den Geruch und den Geschmack meines schwarzen Kaffees, den frisch gepressten Orangensaft und das tolle Müsli. Danach starte ich gestärkt und gewappnet in den Tag.

Solche einfachen Achtsamkeitsübungen lassen sich während des Tages beliebig oft wiederholen und sind wunderbar geeignet, das Leben vergnüglich und ohne große Kosten auszukosten. Dies erfüllt geradezu mühelos eine Vielzahl von menschlichen Bedürfnissen, steigert das natürliche Lustempfinden und trägt dazu bei, die Dinge und

Menschen, die uns umgeben, zu achten und wertzuschätzen. Es gibt uns das Gefühl von menschlicher Würde und Gelassenheit, die uns zugleich widerstandsfähiger gegenüber der Vielzahl von Reizen machen, denen sonst »Bruder Leichtfuß« zum Opfer fallen würde.

Es entlastet auch unseren »Bruder Verantwortlich« in seiner Kontrollfunktion, weil die geschulten und trainierten Sinne uns helfen, den Überblick zu behalten. Dass diese Art der Lustbefriedigung sicherlich nicht abhängig macht, sondern eher dazu beiträgt, frei und unabhängig zu werden, liegt auf der Hand. Dazu müssen allerdings die auf diese Art geschaffenen kleinen Glücksmomente in unserem Gedächtnis nachhaltig gespeichert werden. Es empfiehlt sich deshalb, die kleinen und großen Glücksmomente des Tages abends noch einmal Revue passieren zu lassen. Seit mir mein Zahnarzt empfohlen hat, als Paradontose-Prophylaxe das abendliche Zähneputzen zur Massage des Zahnfleisches zu nutzen, ist das Badezimmer abends für mich zum Ort der Besinnung geworden. Ich versuche, mich während des Zähneputzens an die lustvollen Augenblicke des Tages zu erinnern. Sobald mir einer dieser schönen Momente eingefallen ist, widme ich ihm den Zahn, den ich in diesem Augenblick gerade mit der Zahnbürste berühre. Meistens überkommt mich in diesem Augenblick ein Lächeln, das mir dann im Spiegel entgegenstrahlt. Manchmal sind es wirklich nur ganz kleine genussvolle Dinge wie der Duft eines Parfums, die junge Vogelfamilie, die ihren ersten Ausflug startet, oder das Lächeln der Bäckereiverkäuferin. Seit ich angefangen habe, meine Sinne bewusst zu lenken, begegnen mir nicht nur mehr schöne Augenblicke, sondern ich kann mich auch bewusst von Dingen abwenden.

Wir haben zwar schon lange unser Fernsehgerät abgeschafft, was den Abend spürbar entspannt, dennoch gibt es unglaublich viele Möglichkeiten, an der Mattscheibe kleben zu bleiben. In jedem Hotelzimmer findet sich eine Glotze – mal diskret in der Ecke, mal exponiert in Großformat im ehemaligen offenen Kamin. Diese Gelegenheiten benutzte ich früher, fast ohne es zu bemerken, um mich hemmungslos durch die Programme zu zappen, um dann in irgendeinem Film zu landen und die Dinge um mich herum zu vergessen. Ähnlich ging es mir auch beim Surfen im Internet. Einmal angefangen, konnte ich nur mit äußerster Mühe wieder aussteigen. Mittlerweile gelingt es mir recht mühelos, den vermeintlichen Lustgewinn durch Medien mit dem realen Lustgewinn zu vergleichen, mich dann recht zügig vom Medium zu verabschieden und mich den schönen Dingen des Lebens zu widmen oder einfach zu schlafen.

Sicher steigt der Glückspegel durch die achtsame Wahrnehmung nur vorübergehend an, aber in unzähligen wissenschaftlichen Studien konnte nachgewiesen werden, dass die alltägliche Suche nach den Sinnesfreuden nicht nur das Wohlbefinden steigert, indem sie Kopflastigkeit verhindert, sondern auch die eigenen Widerstandskräfte aktiviert. Ist das schöne Erlebnis erst einmal gedanklich verankert, kann es jederzeit durch die Erinnerung daran wieder aktiviert werden. Es lohnt sich, genussvoll in alten Tagebüchern zu schmökern oder die alten Bilder anzuschauen. Nicht umsonst gibt es mittlerweile Radiosender, die pausenlos Oldies anbieten. Auch hier tauchen mit den Klängen der Musik die alten Wohlgefühle wieder auf. Gönnen Sie sich auf diese Weise den Urlaub im Alltag und Sie werden feststellen, dass die Widrigkeiten, die sich Ihnen in den Weg stellen, Ihnen merklich kleiner vorkommen. Sie brauchen den

Treibstoff der Lebensfreude, um Dinge, die ihnen wichtig sind, in Angriff zu nehmen und sich den Herausforderung stellen zu können, oder, wie es Wilhelm Busch so treffend formuliert: »Glück entsteht oft durch die Aufmerksamkeit in kleinen Dingen, Unglück oft durch die Vernachlässigung kleiner Dinge.«

Übung »›Bruder Leichtfuß‹ und ›Bruder Verantwortlich‹«, S. 171

Sinnvolles Handeln macht glücklich

Im Juli 2011 wurde ich nach 36 Dienstjahren in den Ruhestand verabschiedet. Bei Schulleitern endet der aktive Dienst meist mit einer feierlichen Veranstaltung. Es ist dann oftmals auch die Rede vom sogenannten »Unruhestand«, weil ja nach der Pensionierung der Eroberung der Welt nichts mehr im Wege stünde. Einige Gratulanten nehmen das allerdings so wörtlich, dass sie das mit weiten Reisen verbinden. Das passende Geschenk, der Reiseführer oder die Fotokamera, ist dann auch schnell ausgesucht. Andere, insbesondere diejenigen, die selbst bald verabschiedet werden, erkundigen sich, wie es denn jetzt in diesem neuen Lebensabschnitt weiterginge. Einem Kollegen antwortete ich mit dem bekannten Witz, in dem sich ein katholischer Pfarrer, ein evangelischer Pastor und ein Rabbi darüber streiten, wann das Leben beginne: wenn Samen- und Eizelle miteinander verschmelzen oder wenn die Kinder aus dem Haus sind.

Fast jeder versteht die Pointe, weil die meisten Menschen daran glauben, dass nach der Erfüllung der Pflichten in der Familie oder im Beruf das Leben noch mal beginnt. Die Aussicht auf die wiedererlangte Freiheit mit einer hoffentlich guten Altersabsicherung scheint für viele eine gute Grundlage fürs Glücklichsein darzustellen. Das ist sicherlich auch teilweise richtig, denn Armut und der Entzug von Freiheit sind Glückskiller – wie uns allen bekannt ist. Freiheit wird aber nur durch sinnvolle Nutzung zum Glücksbringer. Was nützt uns die ganze Freiheit, wenn wir nichts mit ihr anfangen können und uns zu Tode langweilen. In Ergänzung zu Frankls Zitat: Im Gegensatz zum Tier sagt dem Menschen kein Instinkt, was er *muss*, und im Gegensatz zum Menschen im Arbeitsverhältnis, was er *soll* – und nun scheint er nicht mehr recht zu wissen, was er eigentlich *kann, darf und will* …

Tatsächlich belegt eine Studie des Happiness Instituts der Coca-Cola GmbH, dass die Bedeutung der Lebensziele mit zunehmendem Alter abnimmt. Auch der Wunsch, eigene Ziele zu erreichen, ist bei älteren Menschen offensichtlich weniger ausgeprägt als bei jüngeren (62 Prozent bei den Teens, 41 Prozent bei den 30- bis 45-Jährigen, aber nur 27 Prozent bei den über 60-Jährigen). Trotzdem sind die Älteren eher zufrieden mit dem, was sie erreicht haben, als die Jüngeren (79 Prozent der über 60-Jährigen gegenüber 55 Prozent der Teilnehmer in den Zwanzigern). Das Ergebnis ist in doppelter Hinsicht beruhigend: Es zeigt, wie zielorientiert unsere jungen Familien und Existenzgründer sind und welche Freude sie dabei empfinden. Aber auch das Älterwerden muss uns nicht Bange machen, weil es neben dem Erreichen von Zielen ein unendliches Repertoire an Glücksquellen zu geben scheint, für die es sich lohnt, sich auf die Suche zu machen.

Dazu gehört sicherlich das vorher beschriebene lustvolle Handeln, aber noch viel wichtiger ist die Suche nach dem Sinn des Lebens, die eng mit der Suche nach dem Glück verbunden ist und sich ähnlich individuell und subjektiv gestaltet. Dennoch gibt es zwischen den unterschiedlichen Herangehensweisen eine Gemeinsamkeit: Wir Menschen sind ständig auf der Suche nach Zusammenhängen, denn sie geben uns Sinn im Leben. So wie die sinnlose Aneinanderreihung von Worten an sich noch keinen Sinn hat, eben nur Nonsens ist. Erst wenn Worte zu einem sinnvollen Satz zusammengestellt werden, ergibt sich der Sinn. Mit der Suche nach dem Sinn wollen wir vergangene, gegenwärtige und zukünftige Zusammenhänge in Einklang bringen.

Wir streben nach lebensverbessernden Lösungen, indem wir Wirkungszusammenhänge der Natur durch die Naturwissenschaften zu ergründen versuchen. Durch unsere körperlichen oder geistigen Fähigkeiten wollen wir einen gesellschaftlichen Beitrag leisten, uns dabei wohlfühlen und dafür Anerkennung bekommen. Wir suchen Beziehungen und die Liebe zu anderen Menschen, um mit ihnen sinnvolle Erfahrungen auszutauschen, zu sammeln oder sinnvolle Pläne zu schmieden und uns als Teil eines großen biologischen Gesamtgefüges zu fühlen und uns dabei selbst zu vergessen.

Wir suchen sogar im Leiden Sinn, denn es gehört ebenso wie die Freude zum Leben dazu. Viktor E. Frankl geht davon aus, dass Leid zu ertragen auch sinnvoll sein kann. Er erkennt in der Fähigkeit, Leiden zu ertragen, Sinnstiftung. Nach seiner Meinung wächst der Mensch durch Leiden, er reift und kann grundlegende und bereichernde oder sogar beglückende Erfahrungen machen. Durch das »Wie« des

Leidens gibt er die Antwort auf die Frage nach dem »Wozu« des Leidens. Viktor E. Frankl beschreibt das vor dem Hintergrund seiner Lebensgeschichte so: »Das Leiden, die Not gehört zum Leben dazu, wie das Schicksal und der Tod. Sie alle lassen sich vom Leben nicht abtrennen, ohne dessen Sinn nachgerade zu zerstören. Not und Tod, das Schicksal und das Leiden vom Leben abzulösen, hieße dem Leben die Gestalt, die Form nehmen. Erst unter den Hammerschlägen des Schicksals, in der Weißglut des Leidens an ihm, gewinnt das Leben Form und Gestalt.« (Frankl, Ärztliche Seelsorge, S. 118) Frankl macht uns mit dieser Aussage deutlich, dass die Fähigkeit des Menschen, auch im Leiden Würde zu zeigen, eine sinnstiftende Leistung sein kann.

Sie sehen, es gibt eine unglaubliche Fülle von Möglichkeiten, Sinn im Leben zu finden, und viele Menschen brauchen sich auch gar nicht auf die Suche nach dem Sinn zu machen, weil sie ihn für sich schon gefunden haben. Sicherlich spielt dabei die Ausübung eines Berufs eine wichtige Rolle, weil hier der gesellschaftliche Beitrag am ehesten messbar erscheint und die erbrachte Leistung durch den erzielten Preis, das Honorar oder den verdienten Lohn eine Anerkennung bekommt. Viele Menschen sehen in der Partnerschaft oder der eigenen Familie ihren Sinn. Daneben gibt es aber noch unendlich viele Bereiche, in denen wir Aufgaben und Herausforderung entdecken und in denen wir wirksam sein können. Dazu gehören nicht nur honorige Ehrenämter und altruistische Selbstaufgabe, sondern man kann Sinn auch in ganz einfachen Betätigungsfeldern wie in der Pflege des eigenen Gartens oder in der Ausübung einer Sportart finden. Um meinen Schülern im Unterricht verständlich zu machen, wie Sinn entsteht, habe ich eine einfache Umschreibung mit drei Verben versucht: »Sinn entsteht, wenn wir das Gefühl haben, etwas bewirkt zu haben, uns und andere beachtet zu haben, und Herausforderungen bewältigen konnten.« Die Schüler haben dann meistens erarbeitet, dass Bewirken, Beachten und Bewältigen wichtige Voraussetzungen des Glücklichseins sind, sie aber auch harmonisch zusammenklingen müssen. Was nützt es, wenn wir nur bewirken wollen und uns unablässig in einer Schaffensphase befinden und unsere Beziehungen vernachlässigen? Wir brauchen verschiedene und vor allem ausgewogene Möglichkeiten, sinnvoll zu handeln und dabei Lebensfreude zu empfinden.

Vor Kurzem sprach mich ein ebenfalls pensionierter früherer Kollege auf der Straße an. Wir begannen ein nettes Gespräch über »die alten Zeiten«. Während unserer Unterhaltung entschlossen wir uns, im gegenüberliegenden Straßencafé Platz zu nehmen. Nachdem wir uns ein wenig »warmgeredet« hatten, kamen wir auf uns und unseren Status als Ruheständler zu sprechen. Das war der Auslöser für ihn, in ein großes Wehklagen zu verfallen. Materiell gehe es ihm zwar sehr gut, aber er könne die Zeit überhaupt nicht genießen. Im Gegenteil, seit er nicht mehr unterrichte, habe sich sein Gesundheitszustand drastisch verschlechtert. Früher sei er nie krank gewesen und habe regelmäßig Sport getrieben. Jetzt, da er eigentlich entspannt sein Leben genießen könnte, sei er dauernd wegen vieler größerer und kleinerer »Wehwehchen« bei diversen Ärzten »Dauerkunde«. Es passiert ja oft, wenn ältere Menschen sich treffen, dass sie zunächst anfangen, von ihren Krankheiten zu erzählen. Vielleicht liegt das daran, dass man glaubt, durch den Austausch auch etwas Neues erfahren zu können – der andere kennt einen neuen Arzt, ein neues Medikament. Oder man will auch einfach nur sein Leid einmal aussprechen und vielleicht teilen. Ich hörte mir alles geduldig an, versuchte aber dann vom Thema Krankheit abzulenken und fragte ihn, wie es seiner Frau gehe. Offensichtlich war das aber genau die falsche Frage, um seine Stimmung zu verbessern. Ganz offen antwortete er mir: »Die vergleicht mich mehr und mehr mit meinem verstorbenen Vater und behauptet, dass mein Wesen dem seinen immer ähnlicher würde, insbesondere in Bezug auf seine Garstigkeit.« Er fuhr fort, dass es wenig Gemeinsamkeiten zwischen ihnen gebe. Auch die gemeinsamen Reisepläne seien ad acta gelegt worden. Seine Frau kümmere sich jetzt täglich um die Betreuung des gemeinsamen Enkels. Die Tochter habe sich nämlich entschieden, nach der Babypause wieder ins Berufsleben einzusteigen. Alleine zu reisen sei einfach nicht sein Ding. Ich fragte ihn weiter, wie er seinen Tag verbringe. Er gehe oft spazieren, lese viel und schaue fern. Nach einiger Zeit trennten sich unsere Wege wieder.

Was der ehemalige Kollege berichtete, erinnert an Loriots Film »Pappa ante Portas«, der auf humorvolle Weise das Gefühl der Sinnlosigkeit beschreibt. Der ehemalige Einkaufsdirektor einer Fabrik, Heinrich Lohse, der von seinem Chef in den Vorruhestand geschickt wurde, weiß mit seiner Freizeit nichts anzufangen und fühlt sich nutzlos. Seine krampfhafte Suche nach einem neuen Aufgabengebiet im Haushalt endet im Chaos und im Zerwürfnis mit der Ehefrau. Am Schluss versöhnen sich die beiden und beschließen, »etwas Sinnvolles« zu tun. Der Film endet mit dem gemeinsamen Blockflötenspielen vor der Haushälterin und deren Sohn. Mein ehemaliger Kollege hat übrigens für sich eine sinnvolle Aufgabe in einem sozialen Projekt gefunden. Er nutzt seine Ressourcen, um ehrenamtlich Kinder mit Migrationshintergrund in Deutsch zu unterrichten.

So humorvoll wie der Film das Geschehen beschreibt, so ernst ist der Hintergrund. Das Gefühl der Sinnlosigkeit oder das »existenzielle Vakuum«, wie es Viktor E. Frankl nennt, macht auf Dauer krank. Umgekehrt gibt das Gefühl, das Leben zu meistern, nicht nur psychische, sondern auch physische Gesundheit, wie es der Mediziner und Soziologe Aaron Antonovsky nachweisen konnte. In wissenschaftlichen Tests mit Frauen gleichen Alters und mit ähnlich schicksalhaften Lebensläufen fand er heraus, dass Frauen, die das Leben als sinnvoll und als Herausforderung betrachteten, sich etwas zutrauten und in der Lage waren, ihre Erlebnisse in ihr Lebenskonzept zu integrieren, psychisch und physisch viel robuster waren als diejenigen, die dies nicht konnten. Auf der Grundlage dieser Erkenntnisse entwickelte er das Konzept der Salutogenese (lat. salus = Gesundheit, genesis = Entstehung). Es kann als die Lehre von der Entstehung von Gesundheit verstanden werden. Im Gegensatz zur Pathogenese (pathos = Leiden) der traditionellen Medizin wird nicht der Aspekt des Leidens und seiner Symptome in den Vordergrund der Betrachtung gestellt, sondern die Grundlage für das Gesundsein. Man begibt sich sozusagen auf Schatzsuche statt auf Fehlerfahndung. Maßgeblich für das körperliche, geistige und seelische Wohlbefinden ist seiner Meinung nach das Kohärenzgefühl als Gefühl des inneren Zusammenhalts. Dazu gehört nach Antonovsky, dass das Leben und seine Herausforderungen als lohnend, sinnvoll und bedeutsam empfunden werden. In Loriots satirischem Film war Heinrich Lohse genau dieses Gefühl abhandengekommen. Allerdings hatte Loriots Protagonist auch letztlich wenig Verständnis für seine Situation und vor allem für seine Mitmenschen. Antonovsky nennt diese notwendige Bedingung »Verstehbarkeit«. Als letzter Voraussetzung wird dem Gefühl, sich etwas zuzutrauen, dem Zutrauen, mit eigener Kraft ein Ziel erreichen zu können, im Sinne der Salutogenese eine große Bedeutung beigemessen.

Sie werden jetzt vielleicht fragen, wie Sie das Kohärenzgefühl, den inneren Zusammenhalt, für sich erreichen können. Natürlich ist es wichtig, den Sinn im Leben immer wieder aufs Neue zu suchen und zu finden, wie es auch Viktor E. Frankl vorschlägt. Im Sinne der Salutogenese ist es aber auch wichtig, die Welt um uns herum zu verstehen und sich selbst zuzutrauen, das Leben zu meistern. Wie gelingt es, diesen gesunderhaltenden und freudvollen Dreiklang aus Sinnhaftigkeit, Verstehbarkeit und Handhabbarkeit wirklich herzustellen?

Die Antwort ist relativ einfach: üben, üben, üben, und zwar am besten täglich und ab jetzt gleich.

Übung »Mit voller Absicht!«, S. 173

Das Glück verstehen

Die Welt um uns herum verstehen

Um etwas zu verstehen, ist es nützlich, das dahinter liegende System zu erkennen. Wir folgen den Gesetzen der Schwerkraft, deshalb fallen wir nicht nach oben, sondern nach unten. Wir leben in Gemeinschaften, weil sie uns Sicherheit und Geborgenheit geben. Wir befinden uns in gesellschaftlichen und wirtschaftlichen Systemen mit eigenen Gesetzmäßigkeiten. So orientiert sich Politik an der Macht. Parteien und die dazugehörigen Politiker sind unentwegt bestrebt, mehr Einfluss zu gewinnen, um ihre Vorstellungen zu realisieren. Informationssysteme und Medien sind an der Aktualität ausgerichtet. Nachrichten sind vor allem dann interessant, wenn sie neu sind, weil sie unsere Neugier befriedigen. Um die Aufmerksamkeit noch zu erhöhen, lohnt es sich für viele Medien, vor allem schlechte Nachrichten zu verbreiten, weil diese uns ängstigen. Es folgt daraus als Prinzip: »Bad news is good news.« Wir sind angehalten, unseren Verstand zu benutzen, um die Gesetzmäßigkeiten unserer inneren und äußeren Umwelt zu erkennen und die Konsequenzen daraus zu ziehen.

Das Wertesystem der Arbeitswelt verstehen

Unsere Wirtschaft orientiert sich am Nutzen beziehungsweise an der damit verbundenen Gewinnmaximierung. Mit welcher Folge? Nach einer Studie des Gallup-Institutes sind nur noch 11 Prozent der Mitarbeiter wirklich engagiert, 66 Prozent machen Dienst nach Vorschrift und 23 Prozent haben sich innerlich schon von ihrer beruflichen Tätigkeit verabschiedet. Den Arbeitnehmern fehlt nach eigenen Angaben die Wertschätzung, sie fühlen sich am falschen Platz und wissen nicht, was von ihnen erwartet wird. Außerdem hätten ihre Meinungen kaum Gewicht. Kurz gesagt, sie empfinden ihre Arbeit als sinnlos. Mal ganz abgesehen von den wirtschaftlichen Schäden, die durch diesen »Fehler im System« entstehen, ist das meines Erachtens auch einer der Gründe für die enorme Zunahme von psychischen Erkrankungen von Arbeitnehmern. Einige Unternehmen haben diesen Systemfehler schon erkannt und versuchen, ihre Mitarbeiter mehr wertzuschätzen, besser zu informieren und stärker in die Entscheidungsfindung einzubinden. Die Führungskräfte dieser Unternehmen werden in die Geheimnisse einer gelingenden Unternehmenskultur eingeweiht. Teambildung wird nicht nur großgeschrieben, sondern auch in Weiterbildungen geübt. Die Mitarbeiter erhalten über entsprechende digitale Anzeigen aktuelle Informationen über die Unternehmenskennzahlen. Das Führungssystem »Corporate Happiness« gewinnt offensichtlich an Bedeutung. Was aber sollen die Mitarbeiter aller anderen Betriebe tun, die vorwiegend den konventionellen ökonomischen Maximierungsprinzipien folgen? Der Rückzug in die innere Emigration ist keine Lösung. Es reicht nicht, auf das

Wochenende zu spekulieren oder auf den Urlaub zu hoffen. Vielmehr lohnt es sich, selbst aktiv zu werden. Sich Informationen zum besseren Verständnis zu beschaffen, sich mit den Kollegen auszutauschen und einzelne Strukturen zu hinterfragen. Partner und Freunde können hervorragende Helfer sein, wenn es darum geht, betriebliche Abläufe und personale Bezüge zu analysieren und Lösungsmöglichkeiten zu entwickeln. Vor allem können sie durch Verständnis und Wertschätzung dazu beitragen, Angst, Aggressionen und Ärger abzubauen.

Menschen verstehen

Wie wichtig Zugehörigkeit und Beziehungen sind, erklärt sich aus der Evolutionsgeschichte der Menschen – ohne die Paarbeziehungen, aber auch die gegenseitige Unterstützung in größeren Gemeinschaften wären wir wahrscheinlich längst ausgestorben. Unsere Vorfahren jagten zusammen, teilten ihre Beute und verteidigten sich gegen gemeinsame Feinde. Ein Ausschluss aus der Gemeinschaft bedeutete zugleich größte Gefahr für Leib und Leben des Ausgestoßenen. Es verwundert deshalb auch nicht, dass in unserer Zeit Menschen, die sich ausgeschlossen fühlen, psychisch und körperlich leiden. Vielleicht werden manche sogar aggressiv, nur um auf sich aufmerksam zu machen. Wissenschaftliche Untersuchungen bestätigen, dass Menschen, die in einem starken sozialen Netz leben, gesünder als andere sind und länger leben. Wir wollen von Natur aus dazugehören, wahrgenommen und respektiert werden.

Gemeinschaften sind so individuell wie die Menschen, die zusammenkommen – von der Liebe und Partnerschaft bis hin zu einem der vielen entfernteren Facebookfreunde, den man vielleicht niemals trifft. Wir lernen Menschen in der Schule, im Studium, im Beruf, bei Freizeitaktivitäten oder über die Kinder kennen und schätzen und verlieren sie durch Tod oder Trennung. Wir sammeln Erfahrungen, die uns bewusst oder unbewusst verändern. Wir brauchen Menschen um uns, die uns lieben, die uns verstehen und die es ehrlich meinen, denen wir vertrauen können und die sich loyal und unterstützend verhalten. Sie verheißen Liebe, Geborgenheit, geistigen Austausch und gemeinsame Fröhlichkeit. Begegnungen und Bekanntschaften entstehen vielleicht zufällig, aber Liebe und Freundschaft erarbeiten wir uns, wir gestalten und pflegen sie. Das klingt nach großer Anstrengung, ist es aber nicht. Im Gegenteil scheint es einen engen Zusammenhang zwischen der Lebensfreude und der Gestaltung einer Beziehung zu geben. In der im Auftrag des Happiness Instituts von Coca-Cola durchgeführten Studie zur Lebensfreude in Deutschland sind es deshalb vor allem die lebensfrohen Menschen (82 Prozent), die den Kontakt zu Menschen, die sie lieben, wertschätzen und respektieren, besonders pflegen. Glück vermehrt sich bekanntlich, wenn man es teilt. Wen wundert es dann, wenn die Menschen mit hoher Lebensfreude viel mehr Liebe, Wertschätzung und Respekt zurückbekommen als die übrigen (63 Prozent gegenüber 37 Prozent). Daraus ergibt sich eine wunderbare Schlussfolgerung: Wir helfen dem Glück auf die Sprünge, indem wir Partnerschaft und Freundschaften gut gestalten. Die gestiegene Lebensfreude trägt wiederum dazu bei, dass wir unsere Beziehungen intensivieren. Diese steigern ihrerseits das Wohlbefinden und verbessern die Beziehungen usw. usf.

Gute Beziehungen pflegen

Gute Beziehungen brauchen Zeit

Durchschnittlich verbringen die Deutschen ungefähr dreieinhalb Stunden täglich vor dem Fernseher. Geht man davon aus, dass meistens abends ferngesehen wird, weil wir tagsüber arbeiten müssen, dann sitzen die meisten Deutschen zwischen 19 und 23 Uhr vor der Glotze. Die Zeit, die zusätzlich noch privat mit anderen Medien verbracht wird, ist hier noch gar nicht eingerechnet. Diese Zeit fehlt für die wichtigen Gespräche mit dem Partner, den Kindern oder den Freunden. Medien versprechen neue Informationen, Entspannung und Unterhaltung. Genau das können wir mit Partnern und Freunden in viel höherem Maße erreichen. Alte Erinnerungen austauschen, sich alte Bilder anschauen und sich so gemeinsame glückliche Augenblicke ins Gedächtnis zurückrufen sind hervorragende Mittel, um sich zu entspannen und seine Stimmung aufzuhellen. Gemeinsame Projekte anzugehen, Pläne zu schmieden oder Sport zu treiben, all das stärkt Geist, Körper und Seele. Gemeinsames Kochen und Essen fördern nicht nur das leibliche, sondern auch das seelische Wohl. Schaffen Sie Rituale – den Jour fixe, den Skatabend, das gemeinsame sonntägliche Joggen, das Theaterabonnement und was es sonst noch alles gibt. Vor allem feiern Sie die Feste mit Ihren Lieben, wie sie fallen.

Beziehungen nähren sich von gegenseitigem Interesse

Klar ist es wichtig, dem Partner oder dem Freund zur Seite zu stehen und zu helfen. Vergessen Sie dabei auch die anderen Mitmenschen nicht und seien Sie grundsätzlich fürsorglich, hilfsbereit und großzügig. Anderen Menschen Gutes zu tun erfüllt ein angeborenes altruistisches Bedürfnis in uns. Die Psychologin Sonja Lyubomirsky hat wissenschaftlich nachgewiesen, dass gute Taten unser Wohlbefinden steigern. Die Teilnehmer wurden aufgefordert, wöchentlich von ihren guten Taten zu berichten. Dabei ging es nicht nur um große gute Taten, sondern auch um kleine Gefälligkeiten, wie den Krankenbesuch oder dem Freund einen kleinen Geldbetrag zu leihen. Die Ergebnisse zeigten, dass die Teilnehmer tatsächlich durch den gelebten Altruismus glücklicher wurden. Zeigen Sie sich als großzügig und hilfsbereit. Es hilft, wie man sieht, nicht nur dem Empfänger, sondern auch Ihnen selbst. Im Idealfall erreichen Sie dann ein »helpers high«, höchste Glücksgefühle, durch die Ausschüttung von Glückshormonen. Aber Vorsicht: Nicht jede Hilfeleistung ist angebracht, weil es sich der Empfänger vielleicht gar nicht wünscht oder weil sie ihm oder Ihnen selbst schaden kann. Fürsorge kann auch zur erlernten Hilflosigkeit führen. Wenn der Betroffene die Handgriffe oder die Denkleistung nicht mehr übt, weil ein anderer sie übernimmt, wird die Unselbständigkeit im selben Maße zunehmen. Aber auch der Helfer muss auf sich aufpassen, er darf sich nicht überfordern und am Ende selbst bedürftig werden oder sich ausgenutzt fühlen.

Dankbarkeit macht glücklich

Liebe und Freundschaft heißt auch, dem Partner oder Freund dankbar zu sein. Nicht alles, was Ihnen selbstverständlich scheint, ist es auch. Viel zu schnell gewöhnen wir uns an die uns gebotenen täglichen Annehmlichkeiten, die uns andere bereiten. Wir bekommen gekocht, gebügelt, man räumt hinter uns her und hört sich unsere Sorgen und Probleme an, ohne dass wir es richtig bemerken. Es lohnt sich, die Glücksmomente des Tages und deren Verursacher zu beobachten und die Zusammenhänge zu notieren. Sie werden überrascht sein, wie vielen Menschen Sie dankbar sein dürfen. Sie werden für Ihre Dankbarkeit sogar noch einmal extra belohnt.

Die oben genannte Happiness-Studie von Coca-Cola belegt nämlich auch, dass Lebensfreude und Dankbarkeit eng miteinander verknüpft sind. Menschen mit hoher Lebensfreude entdecken zu 83 Prozent in der Dankbarkeit eine Quelle des Glücks, während das für alle übrigen nur zu 50 Prozent zutrifft. Auch hier kann man zu der Schlussfolgerung gelangen, dass sich Lebensfreude und Dankbarkeit gegenseitig begünstigen.

Freuen Sie sich mit Ihren Mitmenschen

Zu den bekannten Selbstverständlichkeiten in Beziehungen gehört auch, unser Gegenüber nach Niederlagen und Verlusten zu trösten und wieder aufzurichten, aber fast noch wichtiger ist es, sich mit ihm über seine Erfolge zu freuen. Menschen sind gerne stolz, weil es ihnen das Gefühl gibt, aufgrund der erbrachten Leistung mehr wert zu sein und ihren Status verbessert zu haben. Die guten Gefühle, die dabei entstehen, sind urmenschlich und werden noch gesteigert, wenn die Anerkennung von außen auch in Worten erfolgt. Überlegen Sie einmal, wie Ihre Freunde oder Familie auf Ihren letzten Erfolg oder Glücksfall reagiert haben. Hoffentlich haben sich alle ohne Neid und Missgunst mit Ihnen gefreut.

Sich mit dem Partner und den Freunden über gute Nachrichten zu freuen ist eine wichtige Form der Wertschätzung und zeigt, wie gut die Beziehung wirklich ist. Martin Seligman bezeichnet die Begeisterung und Anerkennung für die Leistungen des anderen als »aktiv-konstruktives Kommunizieren«. Man nennt es auch den »Michelangelo-Effekt«: Michelangelo schuf mit der Figur des David ein Meisterwerk und machte das Beste aus einem wertvollen Marmorblock. Auch Sie können durch aktive Wertschätzung das Beste aus Ihren Lieben machen. Angeblich tun sich die Schwaben mit dem Loben am schwersten. Der Spruch »Net g'schumpfe isch g'lobt g'nug« soll das wohl auch zum Ausdruck bringen. Im Sinne von Seligman wäre das dann eher »passiv-konstruktiv«. Schlimmer noch wäre es, den anderen mit den Worten »Ein blindes Huhn findet auch mal ein Korn« oder »Das hast du doch gar nicht verdient« herabzusetzen. Übrigens kommen Wertschätzung, Nichtbeachtung und Herabsetzung nicht nur über Worte an, sondern auch über die dazu passende Mimik oder die aufwertende oder abwertende Geste. Freuen Sie sich mit Ihrem Partner oder Ihrer Partnerin und Ihren Freunden über deren freudige Botschaften. Fragen Sie nach Einzelheiten und erleben Sie den Erfolg nach. Erzählen Sie im Beisein des Betroffenen von dessen Erfolgen und feiern Sie den Erfolg mit. Es dient nicht nur als Motivation und Balsam für die Seele des anderen, sondern schafft die Nähe und das Vertrauen, die jede gute Beziehung braucht.

Um Menschen wirklich zu verstehen, müssen wir uns in sie hineinversetzen, mitfühlen und uns vor allem selbst nicht so wichtig nehmen. Da hilft eine bewusste rationale Vorgehensweise nur bedingt. Oft können wir die Motive und Hintergründe unseres Gegenübers nur erahnen, aber wir sind in der Lage, aufgrund unserer empathischen Fähigkeiten dessen Stimmung wahrzunehmen und so zu verstehen. Das reicht meistens schon aus, um Freude zu verdoppeln und Leid zu halbieren.

Erfordernisse und Herausforderungen annehmen

Ohne Arbeit und Anstrengung ganz schnell reich werden und dann glücklich und zufrieden leben, das ist nicht nur der Traum aller Lottospieler, sondern auch vieler Menschen, die immer noch darauf spekulieren, dass das Glück einfach vom Himmel fällt. Doch Fortuna oder besser gesagt das Schicksal geht seine eigenen Wege, und so mancher Traum vom schnellen Geld ist nach der nächsten Ziehung oder dem nächsten Börsencrash rasch ausgeträumt. Wenn man den Enttäuschten dann trösten will und ihm sagt, dass Geld nicht glücklich macht, folgt manchmal ein leises »Aber es beruhigt«. Das ist aber leider auch falsch, denn schneller als gedacht macht sich mit dem Vermögen die Angst breit, es wieder zu verlieren. Neid und Missgunst machen einsam, und um der Isolation zu entgehen, wird man vielleicht verschwenderisch. Am Ende, wenn schon fast nichts mehr da ist, fordert das Finanzamt noch seinen Obolus. Kein Wunder, wenn die Statistiken belegen, dass die Lottogewinner nach einem Jahr keineswegs glücklicher, sondern oft eher unzufriedener sind. Meine Eltern sagten in solchen Fällen immer: »Wie gewonnen, so zerronnen.« Und falls es doch nicht zerronnen war, hatten sich die Glückspilze vielleicht einfach an ihren Reichtum gewöhnt und fühlten sich auch nicht besser als vorher. Wie gesagt, es gibt keinen Lift zum Glück, wir müssen die Treppe nehmen, aber das ist die gute Nachricht, denn wir haben es selbst in der Hand, durch das eigene Engagement, manchmal auch durch die Überwindung von Hindernissen, für unser Glück zu sorgen.

Wir lernen jeden Tag neue Zusammenhänge kennen und eignen uns geistige und körperliche Fähigkeiten an. Welche Freude das verursacht, kann man am besten an unseren Kindern beobachten. Als Erwachsene überschreiten wir mit den gewonnenen Erkenntnissen immer wieder neue äußere und innere Grenzen und sind stolz darauf. Manchmal gehen wir sogar an die Grenze unserer körperlichen und geistigen Leistungsfähigkeit und fühlen uns wohl dabei. Wenn ich als Triathlet nach 13 Stunden Schwimmen, Radfahren und Laufen im Ziel ankomme, könnte ich vor Glück die ganze Welt umarmen. Der Unternehmer, der auf sein Lebenswerk zurückschaut, das er gegen alle Unwegsamkeiten und Widrigkeiten, durch alle Höhen und Tiefen manövriert hat, ist genauso stolz wie der Arzt, der auf dem schmalen Grat zwischen Leben und Tod seinen Patienten gerettet hat. Vergessen wir aber auch nicht die vielen anderen Menschen, die Tag für Tag in ihren verschiedenen verantwortungsvollen Aufgaben aufgehen und ihr Bestes geben und sich wohlfühlen. Viele berichten davon, dass ihnen die Tätigkeit leicht von der Hand gegangen sei und sie die Anstrengung, die damit verbunden war, nicht gespürt hätten. Erst am

Ende habe sich das Gefühl wohliger Erschöpfung breitgemacht.

Offensichtlich gibt es Unterschiede, was das Empfinden von Anstrengung betrifft. Die Schüler, die dem Unterricht in Mathematik aufgrund von Überforderung nicht mehr folgen oder aufgrund von Langeweile das Ende der Stunde herbeisehnen. Sie empfinden weder während noch nach der Stunde Glück. Freude kommt höchstens dadurch auf, dass es endlich vorbei ist. Wie wir an der Studie des Gallup-Institutes gesehen haben, fühlen sich aber nicht nur viele Schüler bei dem, was sie tun, nicht wohl, sondern auch viele Arbeitnehmer klagen über die zu anstrengende Arbeit. Das steht sicherlich in vielen Fällen in engem Zusammenhang mit dem nutzenorientierten System unserer Wirtschaft, aber auch mit der Art und Weise, wie die Menschen mit ihrer Tätigkeit umgehen. Die Rahmenbedingungen werden selten von den Betroffenen gestaltet und sind kurzfristig nicht veränderbar. Dem eigenen Glück auf die Sprünge zu helfen bedeutet in diesem Sinne auch, darüber nachzudenken, ob es Möglichkeiten gibt, die eigenen Einstellungen zur Arbeit und die Art und Weise, wie sie ausgeführt wird, zu verändern, um die eigene Lage zu verbessern.

Das Glück fließen lassen

Der amerikanische Mediziner und Soziologe Mihaly Csikszentmihalyi befasst sich seit über 40 Jahren mit den Umständen glücklichen Tuns. Seine Erkenntnisse wurden unter dem Begriff »Flow« zusammengefasst. Beim Flow ist die Aktivität im Fluss und scheint mühelos von der Hand zu gehen, man taucht gewissermaßen in den Ablauf der Handlung ein. Der Einklang zwischen dem, was wir fühlen, denken und wollen, führt zu einer Selbstvergessenheit und es entsteht ein besonderes harmonisches Glück einer durch die Tätigkeit hervorgerufenen inneren Balance. Kinder haben eine natürliche Begabung zum Flow, wenn sie im Spiel voll und ganz aufgehen und Raum und Zeit vergessen. Ich erinnere mich gut, wie meine jüngere Tochter Vera als Kind selbstvergessen malen konnte. Trotz vollkommener Konzentration waren ihre Gesichtszüge locker und entspannt. Ihre Wachsmalstifte glitten begleitet von einem sonoren Brummen wie von selbst über das Papier. Um herauszufinden, unter welchen Voraussetzungen Arbeit nicht nur anstrengende Mühsal ist, sondern zur befriedigenden Selbsterfüllung wird, hat Csikszentmihalyi Künstler, Tänzer, Schachspieler und Bergsteiger sowie Menschen in ganz normalen Berufen bei ihren Tätigkeiten beobachtet.

Bedingungen für das Gefühl, im Flow zu sein

Csikszentmihalyi hat bei seinen Experimenten eine Reihe von Bedingungen herausgefunden, die eine Flow-Erfahrung begünstigen. Um sich wirklich den Herausforderungen stellen zu können, muss die Aufgabenstellung klar definiert sein. Dabei geht es nicht nur um das Endziel, sondern auch um den nächsten Schritt und darum, dass die Rückmeldung unmittelbar erfolgt. Wie ich in meinem ersten Buch bereits beschrieben habe, bekam ich eine aufschlussreiche Beschreibung eines Flow-Erlebnisses von dem Bergsteiger Hans Kammerlander, der im Himalaya- und Karakorumgebirge insgesamt 13 Achttausender bestiegen hat, davon etliche gemeinsam mit seinem noch bekannteren Bergkameraden Reinhold Messner. Auf meine Frage, ob er die Erkenntnisse von Csikszentmihalyi bestätigen könne, erzählte mir Hans damals, dass sich beim Klettern die Aufmerksamkeit nicht in erster Linie auf das Endziel, den Gipfel, richte: »Der Gipfel erscheint unendlich weit und unerreichbar. Oftmals setze ich mir nur zehn Schritte als Ziel und freue mich über jeden einzelnen. Entscheidend ist für mich nur der nächste sichere Griff oder Stand, um den drohenden Absturz zu vermeiden. Wenn ich spüre, voll konzentriert bei der Sache zu sein, jeden Schritt zu kontrollieren und mit der Natur eins zu werden, dann überkommt mich ein überwältigendes Gefühl. In solchen Augenblicken spüre ich mich selbst nicht mehr. Manchmal schweifen die Gedanken für kurze Zeit ab und ich werde unkonzentriert. Ich werde dann unzufrieden und bin froh, wenn ich solche Situationen heil überstehe.« Ich bin mir sicher, dass diese Art der Flow-Erlebnisse in ihrer Einmaligkeit kaum überboten werden können und durch die Adrenalinausschüttung ein zusätzlicher »Kick« eintritt.

Csikszentmihalyi weist aber ausdrücklich darauf hin, dass die Grenzsituation keine Voraussetzung für den Flow ist. Wichtig ist seiner Meinung nach vor allem, dass die subjektiv empfundenen Handlungsanforderungen überdurchschnittlich sind, aber den vorhandenen Fähigkeiten immer noch entsprechen. Bei der Überforderung reagierten die Teilnehmer an seinen wissenschaftlichen Tests mit Angst und machten sich Sorgen. Waren sie unterfordert, langweilten sie sich, dachten an andere Dinge und waren nicht bei der Sache. Passte die Aufgabenstellung genau zu den vorhandenen Stärken und Fähigkeiten der Teilnehmer, so gelangten diese in eine Art hoch konzentrierte Ausführungstrance, in der sie sich sehr wohl fühlten und die Tätigkeit wiederholen wollten.

Um den Flow zu erleben, reicht es aber nicht, die gleiche Tätigkeit immer wieder auszuüben, weil sie auf Dauer nicht mehr als anspruchsvoll erlebt wird. Um Flow öfter zu erleben, lohnt es sich also, Neues zu lernen, seine Fähigkeiten zu verbessern und neue Herausforderungen zu suchen. Dazu müssen Sie nicht wie Hans Kammerlander auf den Mount Everest klettern oder mit Garri Kasparow Schach spielen. Manchmal reicht es, einfach in das nahe gelegene Fitnessstudio zu gehen, eine neue Sportart auszuprobieren, einen Pullover zu stricken oder eine Sprache zu lernen. Es gibt unendlich viele Möglichkeiten, das Fließen zu genießen. Innerhalb des Glücksunterrichts haben wir die Schüler mit Tae Bo überrascht. Tae Bo ist eine Form von Fitnessgymnastik, bestehend aus Aerobic und asiatischen Kampfsportarten ohne Gegner. Tae Bo hat den Vorteil, dass es leicht zu erlernen ist, die Schrittfolgen gezielt und kraftvoll umgesetzt werden können und dass es unsere Energie fordert. Die Übungen werden unter Anleitung von Trainern mit stark motivierender Musik in einer Gruppe absolviert.

Wir haben uns für Tae Bo entschieden, weil es ein freudvolles, effektives Ganzkörpertraining ist, das die Trainierenden fast unbemerkt an ihre Leistungsgrenzen führt. Die Schüler sollten erfahren, was es bedeutet, sich tatsächlich Schritt für Schritt seinem Ziel zu nähern. Sie sollten erleben, wie sie durch die volle Konzentration auf die einzelnen Übungsteile, verbunden mit dem Bemühen um ihre exakte Ausführung, in die Handlungen eintauchen und sich die Abläufe verselbständigen. Sie sollten Zeit und Raum vergessen und jeder für sich den Flow, das Gefühl des starken Strömens, erleben, des Sich-selbst-Vergessens, wie es Csikszentmihalyi beschreibt.

In der Gymnastikhalle des Studios erwartete sie die Trainerin und erklärte, was in den nächsten eineinhalb Stunden auf sie zukäme. Hatten sie richtig gehört, eineinhalb Stunden volle Anstrengung, volle Konzentration, und das an einem sonst freien Nachmittag? »Aber das Unglaubliche geschah, wir wollten gar nicht mehr aufhören«, berichtete uns eine Schülerin später. Tatsächlich, nach anfänglichen Schwierigkeiten in der Ausführung und dem Überwinden der eigenen Trägheit kam die Gruppe richtig auf Touren. Wir erkannten unsere Schüler nicht wieder. Waren sie sonst unwillig oder nicht in der Lage, ein paar Runden im Stadion zu laufen, kämpften sie jetzt unermüdlich, zeigten perfekte Bewegungsabläufe und verlangten nach Ablauf der Zeit noch eine Viertelstunde Verlängerung. Das Ergebnis überraschte uns, nahezu alle berichteten von der erlebten Freude, von ihrer bis dahin unerkannten Willensstärke, ihrem vollen Einsatz und einem unglaublichen Körpergefühl. Die entstandenen Glücksgefühle sind neurobiologisch mit der beschränkten Konzentrationsfähigkeit des Menschen einfach zu erklären. Durch die volle Konzentration auf die zu absolvierende Schrittfolge, die Musik und durch die dauernde Anfeuerung durch die Trainerin wurde alles andere für sie ausgeblendet. Es war uns tatsächlich gelungen, ihnen ein Flow-Erlebnis zu vermitteln. Vielleicht konnten wir sie auf diese Weise sogar anregen, selbst initiativ zu werden und sich auf die Suche nach ähnlichen Erlebnissen im schulischen Kontext zu machen. Sonja Lyubormirsky berichtet von einer Untersuchung Csikszentmihalyis unter anderem mit Jugendlichen über einen Zeitraum von vier Jahren, die im Alter von 13 Jahren ihr musisches, sportliches oder mathematisches Talent entdeckt hatten und durch die Weiterentwicklung in der Schule mehr Flow und weniger Stress erlebten. Was für eine schöne Vorstellung, dass in der Schule weniger gepaukt und mehr Flow erfahrbar wird. Ich schätze mich sehr glücklich, zu dieser Entwicklung über mein Engagement für das Schulfach Glück (siehe mein gleichnamiges Buch) beitragen zu können.

Auch im Berufsleben erwarten uns viele neue Herausforderungen, die das Flow-Erleben ermöglichen. Csikszentmihalyi untersuchte mithilfe einer programmierbaren Armbanduhr das Befinden von Teilnehmern bei der Verrichtung von alltäglichen Handlungen. Die Teilnehmer sollten auf ein Signal hin aufschreiben, was sie gerade tun und wie sie die Tätigkeit in Bezug auf die Anforderungen im Verhältnis zu ihren eigenen Fähigkeiten empfinden. Außerdem sollten sie festhalten, wie glücklich sie sich dabei fühlten und ob sie die Tätigkeit wiederholen oder fortführen wollten. Das Ergebnis war verblüffend. Viele fühlten sich am Arbeitsplatz wohler als zu Hause, weil sie konzentriert und selbstsicher ihre Arbeit verrichteten und öfter im Flow waren. Die Tätigkeiten in ihrer Freizeit empfanden sie dagegen eher als langweilig und erlebten sich öfter apathisch. Trotzdem war ihr Bestreben, die Freizeitbeschäftigungen fortzusetzen, während sie sich am Arbeitsplatz eine andere Verrichtung wünschten. Vielleicht lässt sich dieses Paradoxon durch die Grundhaltung gegenüber der Arbeit erklären. Wie oft empfinden wir den »Job« als lästige Pflicht und suchen deshalb eher das Glück im Handeln, in der Selbstbestimmtheit eines langweiligen Wochenendes, obwohl das subjektive Erleben genau umgekehrt ist. Es wird deshalb höchste Zeit, das Image der Arbeit und die Arbeitsbedingungen so zu verändern, dass die Arbeit als freudvoll erlebt wird. Dazu gehört der Bedeutungswandel vom »Job« als Geldquelle hin zum »Beruf«, der sinnvoll ist, bei dem man die eigenen Potenziale entfalten kann und für den man gewürdigt wird. Vielleicht müssen wir uns einfach stärker die Flow-Erlebnisse und die Situationen ihres Auftretens bewusst machen. Außerdem gilt es, gezielt die innerlichen und äußeren Bedingungen so gestalten, dass wir den Flow begünstigen.

Flow im Gespräch mit anderen Menschen

Oftmals tritt das Gefühl des Flow auch im Umgang mit anderen Menschen auf. Mir passiert es oft, dass ich während meiner Vorträge so in einen Redefluss komme und so konzentriert bei der Sache bin, dass ich dabei Zeit und Raum vergesse und sich die Worte und Sätze wie von alleine aneinanderfügen. In den Therapiesitzungen bin ich manchmal so in das Gespräch vertieft, dass mich das zeitliche Ende der Sitzung völlig überrascht. Vielleicht hängt das damit zusammen, dass ich mich dann so auf mein Gegenüber und seine Aussagen konzentriere und mich selbst mit Äußerungen weitgehend zurückhalte. Offensichtlich sind Zurückhaltung und Konzentration auf das Gegenüber eine Voraussetzung, um im Gespräch den Flow erleben zu dürfen. Aber manchmal bedarf es gar keiner Worte, um in den Flow zu geraten. Ich denke an die vielen Mütter, die in das gemeinsame Spielen mit ihren Kindern so vertieft sind und dabei alles um sich herum vergessen. Um den Flow in der Liebe erleben zu können, sollten die Voraussetzungen wie Zuneigung, Vertrauen und Sicherheit stimmen. Mit seiner Partnerin oder seinem Partner sich körperlich und seelisch als Einheit zu fühlen ist wohl der schönste Flow, den uns die Natur geschenkt hat.

Übung »Gedanken in Fluss bringen«, S. 175

Dem Flow auf die Sprünge helfen

Es gibt kein einfaches Rezept zum Erreichen eines Flow-Erlebnisses, aber es gibt Hinweise, die uns helfen, diesem mit Freude auf die Spur zu kommen. Um Flow zu begünstigen, sollten wir zuerst herausfinden, bei welchen unserer Tätigkeiten folgende Merkmale erfüllt sind:

1. Meine Aufgabenstellung liegt etwas über dem Durchschnitt der sonstigen Anforderungen. Ich fühle mich weder über- noch unterfordert.
2. Ich fühle mich optimal beansprucht und habe trotz hoher Anforderungen das sichere Gefühl, das Geschehen unter Kontrolle zu haben.
3. Bei meiner Aufgabe handelt es sich um ein klares und für mich erreichbares Ziel. Das Zwischenziel und die nächsten Schritte sind für mich klar erkennbar.
4. Meine Konzentration kommt wie von selbst.

5. Ich erhalte eine unmittelbare Rückmeldung, ob der nächste Schritt erfolgreich war bzw. ob das Ziel erreicht wurde.
6. Das Gefühl für Zeit und Raum geht mir verloren. Die Zeit vergeht wie im Flug, ich vergesse meine Umgebung.
7. Durch die Fokussierung auf meine Tätigkeit entfallen alle übrigen Gedanken über mich selbst.

Die Konzentration fördern

Als Multitaskingspezialisten fällt es uns schwer, uns auf eine Tätigkeit wirklich zu konzentrieren. Das ist aber die Voraussetzung für das Flow-Erlebnis. Wir müssen lernen, Ablenkungen und Störungen bei der Tätigkeit weitgehend auszuschalten und uns für die Tätigkeit zu begeistern. Selbst einfache Aufgaben können freudvoll und sinnstiftend sein.

Tätigkeiten durch Rituale einleiten

Einleitende Rituale begünstigen die Konzentration auf die bevorstehende Aufgabe. Ärzte verbringen vor chirurgischen Eingriffen unglaublich viel Zeit mit der Vorbereitung. Dafür gibt es sicherlich viele sachliche Gründe, Notwendigkeiten, aber sie stimmen sich damit auch auf die bevorstehende Aufgabe ein. Wenn ich im Behandlungsstuhl meinen Zahnarzt beobachte, mit welcher Sorgfalt er seine Hände wäscht, sie eincremt, die sterilen Handschuhe überstreift und anschließend seine Instrumente auf Vollständigkeit überprüft, werde ich manchmal ganz ehrfürchtig. Ähnliche ritualisierte konzentrierte Vorbereitungen habe ich aber auch schon bei manchen Handwerkern erlebt und bewundert. Sich auf Tätigkeiten einzustimmen stellt auch immer einen besonderen Anspruch einer exzellenten Ausführung der Tätigkeit dar. Zu schludern ohne eigenen Anspruch schafft bestimmt kein selbstvergessenes Handeln, sondern kürzt vielleicht den Handlungszeitraum ab, lässt aber dann kaum eine erfolgreiche Rückmeldung erwarten. Ich habe schon Kassiererinnen im Supermarkt beobachtet, die voll konzentriert jeden einzelnen Kunden wertschätzend begrüßten und anschließend voll konzentriert die Waren elegant über den Scanner gleiten ließen, um sich dann wiederum voll und ganz dem betreffenden Kunden freundlich zu widmen. Sicherlich werden alle diese Menschen geschult, sich freundlich zu verhalten, und dennoch werden Sie die individuellen Unterschiede in der Ausführung oft genug selbst beobachtet haben. Wie können *Sie* Ihren täglichen Pflichten Freude abgewinnen, indem Sie sich auf sie einstimmen? Machen Sie sich auf die Suche!

In der Tätigkeit einen Sinn erkennen

Wir hatten uns im Kapitel »Stärken suchen« angesehen, wie wohltuend es sein kann, eigene Stärken auszuleben. Viele Tätigkeiten können trotz scheinbar rigider Vorgaben bei der Ausführung in sich einen großen Gestaltungsraum für den Ausführenden bieten. Das hängt auch maßgeblich von der inneren Einstellung zur Tätigkeit ab. Empfinde ich meine Tätigkeit als wichtig, werde ich mehr Sorgfalt walten lassen, mich stärker konzentrieren und versuchen, wirklich gute Arbeit zu leisten. Auf meinen Vortragsreisen bin ich oft gezwungen, im Hotel zu übernachten. Die Unterschiede darin, wie ich an der Rezeption behandelt werde, sind unglaublich. Manchmal habe ich das Gefühl, dass man sich mir wirklich aufmerksam und konzentriert zuwendet. Ich fühle mich dann als Mensch wahrgenommen und geborgen. In anderen Fällen handelt es sich um eine erweiterte Schlüsselübergabe nach vorhergehender Passkontrolle. Ähnliche Beobachtungen bezüglich unterschiedlicher Intensitäten habe ich schon bei Flugreisen, in der Bahn oder auf Behörden gemacht.

Klar gibt es gute und schlechte Tage mit den entsprechenden Stimmungen. Trotzdem glaube ich, dass sich manche Menschen mit ihrer Arbeit so schwertun, weil sie einfach glauben, ihre Stärken nicht leben zu können, und ihre Motive, die sie veranlasst haben, den Beruf zu ergreifen, nicht erfüllt werden. In solchen Fällen sollten wir ernsthaft erwägen, entweder ein neues Betätigungsfeld zu finden oder die Einstellung zu der entsprechenden Tätigkeit zu verändern. Grundsätzlich stellt sich die Frage nach dem Wert der Verrichtung. Das Reinigen eines Krankenzimmers zum Beispiel ist ein Teil eines ganzheitlichen Genesungsprozesses des Patienten. Es beschränkt sich nicht auf das Ab- und Aufwischen und das Entleeren voller Mülleimer. Patienten brauchen Zuwendung, Ansprache und Respekt, um den Heilungsprozess zu begünstigen. Klar gibt es Krankenhäuser, die alle Mitarbeiter in dieser Richtung schulen und in die Besprechungen mit einbeziehen. Aber leider können sich – bisher – aus Zeitgründen nicht alle involvierten Berufsgruppen dieser wichtigen und wertvollen Aufgabe uneingeschränkt widmen und einen Sinn darin sehen. Im Prinzip geht es bei der Sinnfindung in gewöhnlichen Arbeitsabläufen um das Herausfinden der Anteile des Bewirkens, Beachtens und Bewältigens, die jeder Aufgabe innewohnen.

Neue Herausforderungen suchen

Es ist nicht möglich, eine sich immer wiederholende Tätigkeit auf Dauer im Flow zu erleben. Es lohnt sich deshalb, Ausschau nach neuen Herausforderungen zu halten. Die Zahl der Lebensbereiche, die sich uns anbieten, um neue Flow-Erfahrungen zu sammeln, ist nahezu unbegrenzt. Manchmal reicht es, Teilaspekte zu verändern und die Qualität oder Intensität der Verrichtung zu verbessern.

Nach dem Eintauchen in den Flow auch das Auftauchen nicht vergessen

Manche Tätigkeiten, bei denen wir den Flow erleben, können uns vollkommen absorbieren und von anderen wichtigen Aufgaben abhalten. Computerspiele ziehen nicht nur Jugendliche in ihren Bann und tragen dazu bei, dass andere Tätigkeiten und wichtige Menschen vernachlässigt werden. Es ist ratsam, auf die mahnende Rückmeldung der Umgebung zu achten und die Warnsignale nicht zu ignorieren. Das betrifft aber nicht nur unsere Spielleidenschaft oder unsere intensiven Hobbys, sondern auch so manchen arbeitssüchtigen Workaholic, der sich so mit Freude und konzentriert in seine Arbeit vertieft, dass er sich, seine Gesundheit und den Rest der Welt einfach vergisst.

In die Natur eintauchen

Sich im wahrsten Sinne des Wortes in der Natur zu erden ist ein wunderbares Erlebnis und bestens geeignet, Flow zu spüren. Zu wandern, zu joggen oder im Garten zu arbeiten, diesen zu hegen und zu pflegen, das kann unglaublich selbstvergessen machen.

Das Meer der Zufriedenheit in uns entdecken

Manchmal reicht es aus, einfach in den Himmel zu schauen, um das Gefühl zu haben, ganz aufzugehen und einen Platz in der Unendlichkeit des Universums zu finden. Im Urlaub abseits von Ablenkung und Hektik findet man leichter die guten Gelegenheiten, das Universum zu würdigen. Kinder sind dazu besonders gut in der Lage. Ich erinnere mich gerne an Urlaubsfahrten mit unserem großen Transporter, der zu einem einfachen Wohnmobil ausgebaut war und uns meistens in den Süden führte. Die Kinder mochten das Reisen mit dem Bus sehr, weil sie einerseits die Geborgenheit in der kleinen fahrbaren Behausung liebten und andererseits die Freiheit eines Weltenbummlers genießen konnten. Wenn wir im Freien schliefen, empfanden sie den Himmel über uns als schützendes Dach und genossen dessen natürliche Schönheit. In diesen Augenblicken kamen wir unwillkürlich auch immer wieder auf die Frage, was das Universum eigentlich ist und was es für uns Menschen bedeutet. Im Gegensatz zu uns Erwachsenen haben Kinder einen ungetrübten Blick auf die Dinge, die um uns herum passieren. Vielleicht sind es gerade das kindliche Staunen, das Sich-darauf-Einlassen und die Freude über die kleinen und großen Wunder der Natur, die Kinder so glücklich sein lassen. Die Naturwissenschaftler unserer Zeit erklären uns, dass das Universum aus einer riesigen Explosion entstanden ist, die vor 13,7 Milliarden Jahren stattgefunden haben soll, und dass die daraus entstandenen Elemente immer weiter auseinanderdriften. So weit, dass das Licht, das von ihnen ausgeht, uns erst erreicht, wenn sie längst erloschen sind. Wenn wir heute die Sterne betrachten, werfen wir einen Blick in unsere Vergangenheit.

Wir verfügen über ein enormes Wissen, das uns vieles erklärt und, verbunden mit der dazugehörigen Technik, nahezu unbegrenzte Möglichkeiten verspricht. Bei allem Wissen, bei aller Technik und bei allen scheinbar unbegrenzten Möglichkeiten bleiben unsere kindlichen Fragen und Sehnsüchte nach dem Guten und dem Glück in der Welt aber bestehen, weil uns die Wissenschaft vielleicht das Wie, nicht aber das Warum erklären kann. Wir sind und bleiben als Menschen unvollkommen, wie schon vor 2500 Jahren im Höhlengleichnis beschrieben. Platon benutzt das Gleichnis, um die Begrenztheit menschlicher Wahrnehmung darzustellen. Er berichtet von Menschen, die sich seit ihrer Kindheit gefesselt in einer unterirdischen Höhle befinden. Der einzige Lichtschein in der Höhle stammt von einem Feuer, das hinter ihnen brennt. Durch dieses Feuer werden, wie bei einem Schattenspiel, die Schatten von Gegenständen auf die davorliegende Wand projiziert, die von den Höhlenmenschen dann für die »wahre Welt« gehalten werden. Leben wir in unserem Alltag durch unsere eingeschränkte Wahrnehmungsfähigkeit nicht auch wie in einer Höhle, die unseren Blick auf unsere Umgebung verengt? Sind wir nicht andauernd gezwungen, zu relativieren und zu vereinfachen, um uns vor der drohenden Reizüberflutung unserer Sinne zu schützen? Wir leben in einer konstruierten subjektiven Wirklichkeit, die von Mensch zu Mensch und Situation zu Situation unterschiedlich sein kann. Platon rät uns deshalb, hinter die »Geisterbahn« zu schauen und unser Glück nicht von der eigenen sinnlichen Erfahrungswelt abhängig zu machen, sondern von der Erfassung des unveränderlichen ideellen Grundes, der hinter der Wirklichkeit steht. Er sieht, wie Aristoteles, Epikur und die Stoiker, im Verstand den Schlüssel für das gelingende Leben, der uns von den glücklichen und weniger glücklichen Zufällen unabhängig macht. Dabei geht es ihm nicht darum, dass die Menschen ihre egoistischen Eigeninteressen in den Vordergrund stellen, wie es die Sophisten vorschlugen, sondern um eine Lebensweise, die sich an den zentralen Tugenden orientiert.

Hier schließt sich ein Kreis. Wir sind in mehrfacher Hinsicht unvollkommen: Unser Verstand reicht nicht aus, um die Schlussfolgerungen über die Existenz des Universums und unsere Rolle darin zu erkennen. Unsere Sinne können uns täuschen und fehlleiten. Unser Körper ist anfällig für Krankheiten, und unser Streben nach Lust und Macht verführt uns, Dinge zu tun, die für uns und andere schädlich sein können. Dennoch sind wir dank unseres Selbst-Bewusstseins in der Lage, unser Sein zu erkennen und das Beste daraus zu machen.

Kehren wir noch einmal zurück zum talentierten Bruno, der den einfachen Weg gehen wollte und dabei seine Potenziale nicht nutzen konnte. Wie sehr hätte ich meinem Freund Bruno gewünscht, aus der Erdulderrolle herauszutreten und sich auf den Weg zu machen, sein Leben zu gestalten. Zweifellos geht nicht jeder Plan auf, uns ereilen Schicksalsschläge und wir erleiden Niederlagen. Es wird eben nicht immer alles gut. Wir sind traurig, weil wir vielleicht einen Verlust erleiden mussten, oder enttäuscht, weil unsere Hoffnungen unerfüllt blieben. Statt glücklich und zufrieden sind wir missgelaunt und enttäuscht. In solchen Augenblicken macht sich oft ein Gefühl der inneren Leere breit, das uns handlungsunfähig oder manchmal sogar aggressiv macht. Der Verlust eines Menschen, eines Tieres, der Heimat oder der Arbeit löst die bis dahin bestehenden Zusammenhänge teilweise oder ganz auf. Erst das Erfahren von Zusammenhängen ergibt aber den Sinn des Lebens für uns. Es ist deshalb eine natürliche Reaktion, wenn wir in diesen Augenblicken das Leben als sinnlos empfinden. Das Gefühl der Leere vermag uns zu zeigen, dass Raum vorhanden ist für das Finden neuer Inhalte, Beziehungen und Zusammenhänge. Zuvor müssen wir aber aufhören, mit unserem Schicksal zu hadern und gegen das Unveränderliche sinnlos anzukämpfen. Dabei helfen uns die guten Erinnerungen an die wichtigen und schönen Erlebnisse genauso wie das Bewusstmachen unserer inneren Stärken. Sinn finden heißt, auch im Leiden zu wachsen und seine Stärken zu nutzen, um die Leere zu füllen.

Wenn eine Hoffnung oder Erwartung nicht erfüllt wurde, macht sich Enttäuschung in uns breit, weil der Freund oder Partner sich nicht so solidarisch, loyal oder liebenswert gezeigt hat, wie wir es uns erhofft haben, oder weil wir das von uns angestrebte Ziel nicht erreicht haben. Wir müssen uns aber bewusst machen, dass es keinen direkten Zusammenhang zwischen der Ursache und unserem gegenwärtigen Erleben geben muss. In unserem Erleben können wir unendlich viel variieren. Es hängt immer davon ab, in welchen Kontext wir dieses einordnen. Welche Einstellung habe ich im Augenblick zum Vergangenen, und zu welchem Erleben führt das? Dass ich beispielsweise auf dem Tisch ein Glas umstoße, ist eine Sache, aber ob ich mich über mich und meine Ungeschicklichkeit ärgere und sie womöglich noch generalisiere, ist eine andere. Darin liegt unsere Chance: unserem Leben eine neue Richtung zu geben. Bruno sah die anfänglichen Schwierigkeiten und Misserfolge im Studium als persönliche Überforderung, weil er es aufgrund seiner vielen Talente einfach nicht gewohnt war, Niederlagen als Herausforderungen zu sehen und sie mit erhöhten Anstrengungen zu meistern. Der auftretenden Unlust begegnete er mit Vermeidung durch Abbruch des Studiums. Es waren also nur seine Einstellung zur Niederlage und die daraus resultierenden Gefühle, die den weiteren Fortgang des Studiums und seines Lebens beeinflussten.

Klaus suchte den Erfolg und fand ihn. Er wurde für seine Anstrengung durch wachsendes Ansehen und materielle Güter belohnt und lief am Ende wie ein Hamster im Rad, bis er schließlich vor Erschöpfung zusammenbrach. Es gab aber keinen Motor, der das Rad von außen antrieb. Vielmehr saß wahrscheinlich der Antreiber in ihm. Seine Haltung war, sich weniger auf seine Umgebung und seine Mitmenschen einzulassen, sondern unentwegt Stärke und Überlegenheit zeigen zu müssen, um ja nicht unterzugehen. Aus Angst befand er sich sozusagen immer in physischer und psychischer Kampfbereitschaft, die es unmöglich machten, sich ihm zu nähern. Seine Sehnsucht nach Geborgenheit und Sicherheit blieb unerfüllt. Es war leider niemand da, der ihm die Erlaubnis hätte geben können, offen zu sein und sich fallen zu lassen, um ihn dann aufzufangen. Menschen wie Klaus deuten es schnell als Schwäche, wenn man ihnen nur gefühlvoll und sanft begegnet. Sie brauchen starke Gegenüber, die ihnen auf Augenhöhe begegnen und denen sie sich anvertrauen können. Dazu gehören Partner, Arbeitskollegen und Freunde, die wertschätzend die Anstrengungen anerkennen, aber auch ehrlich mit ihnen umgehen und ihnen helfen, hinter die konkreten Ziele zu schauen. Klaus hatte sich vor lauter Anstrengungsbereitschaft im Motodrom des beruflichen Erfolgs unglaublich beschleunigt und im Eifer des Gefechts vergessen, dass die hinter seinen Zielen stehenden Wünsche und Träume auf diese Art gar nicht erfüllt werden konnten.

Um hinter die aktuellen konkreten Ziele zu schauen, brauchen wir höhere, allgemeinere Ziele. In einer von uns aufgestellten Werteordnung können wir dann überprüfen, ob das angestrebte allgemeine Ziel durch das konkrete Ziel begünstigt oder behindert wird. Zu Geborgenheit passt es wohl kaum, sich immer weitergehende berufliche und materielle Ziele zu setzen und diese rücksichtslos anzustreben. Unser Streben, heute ein bisschen besser als gestern zu sein und morgen eine innere Sehnsucht zu stillen, braucht eine Orientierung an ideellen Werten, die sich mit den im zweiten Kapitel beschriebenen dazu passenden Charakterstärken verwirklichen lassen.

Die erwähnte Happiness-Studie der Coca-Cola GmbH aus dem Jahr 2011 belegt, dass lebensfrohe Menschen zugleich auch weiser, mutiger, menschlicher und gerechter sind, zudem eine ausgeglichene Balance zwischen Lust und Unlust haben und sich als Teil eines Großen und Ganzen verstehen. Sie zeigen Humor, einen Sinn für das Schöne, Dankbarkeit und Zuversicht. Ich möchte mit den beschriebenen Beispielen von Bruno, Klaus und den vielen anderen Menschen die Schicksale und Unwägbarkeiten des Lebens nicht kleinreden, aber wir haben Einfluss darauf, wie wir sie erleben. Es sind nicht die äußeren Faktoren, die uns glücklich oder unglücklich machen können, sondern wie wir damit umgehen.

Übungsteil

Die kursiv gesetzten Zahlen führen zu den Seiten, auf denen die jeweiligen Kapitel, in denen die Übungen eingeführt werden, beginnen.

Das Tor zum Glück finden

Zu sich selbst kommen – *24*

Hier wohnt meine Stärke

Hintergrund Eigene Ressourcen ins Bewusstsein zu heben und körperlich zu verankern ist eine wichtige Übung, wenn es darum geht, in unserem Alltag unsere Grenzen zu wahren. Es lohnt sich, Ihre Stärken nicht nur aufzuspüren, sondern sie auch zu sammeln und mithilfe von persönlichen Symbolen optisch und haptisch verfügbar zu machen. Lassen Sie sich diese Fantasiereise, die Ihnen eine gute Verbindung zu Ihren Ressourcen schaffen kann, von einem Freund/einer Freundin vorlesen:

Beschreibung Stell dich hin und schließ die Augen. Werde innerlich still und nimm wahr, wie du atmest. Die Luft strömt in deinen Körper ein und aus ihm heraus. Nimm wahr, welchen Weg dein Atem nimmt, und folge ihm mit deiner Achtsamkeit. Erkunde im Spüren sachte alle Winkel, die der einfließende Luftstrom in dir ausfüllt, ohne etwas daran zu verändern, ganz spielerisch, mit Leichtigkeit.

Erlebe deinen Oberkörper, dein Zwerchfell, deine Lunge … als Räume mit ihren je eigenen Grenzen. Erforsche aufmerksam und neugierig, wie diese Grenzen beschaffen sind: weich, durchlässig, fest, beweglich, nachgiebig? Wie sehen die Verbindungen zu den anderen Atemräumen in dir aus? Nimm jede Einzelheit wahr, während du ruhig weiteratmest.

Geh mit deiner Wahrnehmung zu deinem Hals und deinem Schultergürtel. Wenn du eine Spannung verspürst, atme gezielt zu dieser Stelle und beobachte, wie sich deine Empfindung verändert. Wandere mit deinem Atem nun an die Innenseite deines Schädels, erkunde die Nischen und Weiten, die dein Atem ausfüllen kann: vordere Stirn, Schläfen, Nase, Kiefergelenk … Und lass den Luftstrom auch dort weitend wirken. Langsam folgst du deiner Atembewegung jetzt in deine Arme, Hände, bis in die Finger; in deine Beine und Füße und schließlich in deinen Bauch, der sich wohlig vom Atem bewegen lässt.

Ich lade dich ein, deinen Körper nun in seiner Ganzheit wahrzunehmen. Ein großzügiger Raum mit vielen Bereichen, Nischen und Fluren, die dich alle ausmachen. Wo nimmst du in diesem Augenblick den Ort deiner Kraft, den Sitz deiner Stärke wahr? Spür dorthin. Lenke deinen Atem und bleibe eine kurze Weile genüsslich dort, während du sachte ein- und ausatmest. Nimm wahr, wie die Kraft, die von diesem Ort in dir ausgeht, sich in deinem gesamten Körper ausbreitet und dir zur Verfügung steht.

Während du in deinem Tempo mit deinem Erleben wieder in den Raum zurückkommst, finde, wenn du möchtest, eine Haltung, die deine innere Kraft ausdrückt und dich so mit deiner Stärke verbindet.

Zur Unterstützung kannst du dir etwas suchen, das symbolisch für deine Stärke steht. Halte auf deinem nächsten Spaziergang in der Natur Ausschau danach, fotografiere oder male es.

Die Riesen in mir

Beschreibung Auf der Suche nach Ihren persönlichen Stärken fertigen Sie auf einem DIN-A4-Blatt eine Liste mit drei Spalten an.

In die erste Spalte schreiben Sie Tätigkeiten, die Sie oft und gerne ausführen.

In der zweiten Spalte beschreiben Sie Ihre Gefühle und Stimmungen beim Ausführen der Tätigkeiten. Unterstreichen Sie Tätigkeiten, bei denen Sie eine innere Erregung verspüren, die Zeit vergessen oder die Sie besonders stolz machen.

In der dritten Spalte notieren Sie, welche besondere charakterliche Stärke aus dem Katalog der 24 Signaturstärken die Ausführung der Tätigkeit erfordert oder begünstigt.

Im Idealfall entdecken Sie so Ihre drei bis sieben Schlüsselstärken. Jetzt versuchen Sie im Hinblick auf die herausgefundenen Stärken folgende Fragen zu beantworten:

Wer sind Ihre Vorbilder und welche Stärken haben diese? Wann war Ihnen die eigene Stärke besonders nützlich? Wie haben Sie bemerkt, dass Sie die eigene

Stärke nutzen? Woran könnten Ihre Mitmenschen Ihre Stärke erkennen?

Wenn Sie herausgefunden haben, welche Stärken besonders zu Ihnen passen, wählen Sie einen Gegenstand in Ihrer Wohnung, der stellvertretend Ihre Stärke darstellt. Bei jedem Vorübergehen betrachten Sie den Gegenstand und machen sich bewusst, bei welcher Tätigkeit diese Stärke Ihnen hilfreich zur Seite stehen kann.

Stärke-Steine ins Rollen bringen

Beschreibung Damit Ihnen die Nutzung Ihrer Stärken bewusst wird, legen Sie sich einen Vorrat kleiner Steinchen an, die Sie in der rechten Hosentasche aufbewahren können. Suchen Sie sich für den Tag nun eine Stärke aus und beobachten Sie sich. Jedes Mal, wenn Sie diese Stärke nutzen, befördern Sie ein Steinchen von der rechten Hosentasche in die linke. Am Abend zählen Sie Ihre Beute und gönnen Sie sich einen Moment der Rückbesinnung an jeden dieser Momente, in denen Sie die Stärke Ihrer Wahl genutzt haben. Sie werden staunen, wie viele Steine Sie auf diese Weise »ins Rollen« gebracht haben.

Material Gesammelte Steine oder gar Halbedelsteine/Trommelsteine oder alternativ Bohnen … Ihrer Fantasie sind keine Grenzen gesetzt! Vielleicht möchten Sie sich zur Aufbewahrung Ihres Schatzes ein kleines Samtsäckchen zulegen?

Das Tor zum Glück finden
Es ist nie zu spät, eine glückliche Kindheit gehabt zu haben – *41*

Glücksbiografie

Beschreibung Nehmen Sie ein DIN-A4-Blatt horizontal und zeichnen Sie einen Strich von links unten nach rechts oben. Links unten steht der Tag Ihrer Geburt. Rechts oben steht der gegenwärtige Tag, entsprechend Ihr Alter in Jahren. Dazwischen können Sie zur Orientierung Zehnerschritte Ihres Lebensalters einzeichnen.

Zeichnen Sie nun für jedes glückliche Ereignis, das Ihnen in den Sinn kommt, einen Punkt auf Ihre Lebenslinie.

Fügen Sie als Nächstes Personen zu den Ereignissen, die zu Ihrem glücklichen Erleben beigetragen haben.

Vermutlich werden Sie sich wundern, wie viele glückliche Momente und daran beteiligte Menschen Ihnen einfallen. So können Sie sich einen roten Faden von Glücksmomenten in Ihre Biografie zeichnen.

Sie können die Glücksmomente körperlich spürbar machen, indem Sie in einen roten Bindfaden für bedeutende glücklicher Ereignisse einen Knoten machen.

Sie können diese Übung auch nutzen, um eine Zeitreise in Ihre gelingende Zukunft zu unternehmen, indem Sie auf einem nächsten Blatt Ihre Biografie um weitere 5, 10, 20 Jahre verlängern und so Ressourcen und Zielsetzungen glücklich verbinden.

Mit dem richtigen Schlüssel das Tor aufschließen
Die innere Weisheit finden – *57*

Entscheidungen ausloten

Hintergrund Diese Übung kann Ihnen bei Entscheidungsfindungen eine Hilfestellung sein. Die Entscheidung zwischen verschiedenen Optionen wird bei zunehmendem Abstraktionsniveau (zum Beispiel konkreter Tauschhandel, vermittelter Warenhandel, abstrakter Aktienmarkt an der Börse …) erschwert, weil der Zugang zu unserer Intuition nicht so leicht zu finden ist. Diese Übung hilft, die Rückverbindung mit Körperempfindungen und somit unserem Bauchgefühl herzustellen.

Beschreibung Suchen Sie sich stellvertretend für die eine Handlungsoption einen Gegenstand, etwas, das für Sie diesen Lebensbereich symbolisieren kann, das damit zusammenhängt. Geben Sie diesem Gegenstand einen gut sichtbaren Platz in Ihrer Wohnung und platzieren Sie ihn deutlich, vielleicht auf einem Stapel Bücher oder Ähnlichem.

Jetzt wählen Sie einen Gegenstand, der für die andere Option Ihrer Entscheidungsfrage steht, und legen ihn in geraumem Abstand zum ersten Gegenstand ebenfalls im Zimmer aus.

Danach wählen Sie selbst für sich eine Position, bei der der Abstand zu beiden Gegenständen gleich groß ist und Sie beide im Blick haben. Die beiden Gegenstände und Sie bilden dann ein Dreieck.

Jetzt pendeln Sie mit Ihrem Blick zwischen den Gegenständen hin und her. Verweilen Sie einen Augenblick erst bei dem einen und dann bei dem anderen. Das wiederholen Sie so oft, bis Sie das Gefühl haben, sich von dem einen Gegenstand mehr angezogen zu fühlen als vom anderen. Folgen Sie ganz Ihrem Bauchgefühl und beobachten Sie, was passiert. Womöglich wissen Sie jetzt wie von selbst, wie Sie sich entscheiden sollen.

Achtsamkeit üben

Beschreibung Suchen Sie sich einen Ort, an dem Sie ungestört sind. Vielleicht möchten Sie Ihre Meditation von einer leichten Musik leise begleiten lassen, die Ihnen gleichzeitig eine bestimmte Zeitspanne (10–15 Minuten) vorgibt?

Setzen Sie sich entspannt hin, sodass Sie den gewählten Zeitraum über gut so bleiben können, ohne sich anstrengen zu müssen. Schließen Sie die Augen.

Bei jedem Ausatmen lassen Sie tagesaktuelle Sorgen und Zweifel in Ihrer Vorstellung durch Ihre Füße in den Boden abfließen.

Fokussieren Sie Ihre Aufmerksamkeit ganz auf Ihren Atem, darauf, wie die Luft durch Ihre Nasenflügel aus- und einströmt. Mit jedem Ausatmen lassen Sie noch mehr Spannung aus dem Körper in den Boden abfließen.

Wenn Gedanken kommen, lassen Sie diese vorbeiziehen.

Lassen Sie Ihren Atem natürlich fließen (das ist zunächst gar nicht so leicht, wenn man ihn beobachtet). Lassen Sie es mit Leichtigkeit geschehen.

Wart's nur ab!

Hintergrund Die Erfahrung, von einer unmittelbaren Belohnung auf einen späteren »Gewinn« zu abstrahieren, ist eine Lektion, die wir im besten Fall in unserer Kindheit verinnerlichen. Diese Fähigkeit körperlich erfahrbar zu machen und so »einzuüben« kann uns unserem persönlichen Tor zum Glück Schritt für Schritt und mit einem gelassenen Lächeln auf dem Gesicht näher bringen.

Beschreibung Suchen Sie sich einen Raum, der möglichst wenig Ablenkung bietet, und wählen Sie einen Gegenstand, den Sie leicht mit einer Hand fassen können. Vielleicht einen Stein als Symbol für ein Objekt Ihres Begehrens? Legen Sie ihn an einen beliebigen Platz im Raum.

Nun entfernen Sie sich etwas davon. Nehmen Sie nacheinander unterschiedliche Standorte ein und überbrücken Sie von dort die Distanz zu Ihrem Objekt. Suchen Sie sich dann einen Ort für sich aus und überwinden Sie zunächst nur gedanklich, mit Ihrer Aufmerksamkeit den Abstand zu Ihrem Objekt.

Danach nähern Sie sich ihm wie in Zeitlupe und achten dabei genau auf Ihre Körperempfindungen. Kommen Sie nicht ganz bei Ihrem Gegenstand an. Gehen Sie immer wieder an Ihren Ausgangspunkt zurück. Wie erleben Sie diese Frustration? Wodurch helfen Sie sich?

Suchen Sie sich nun neue Ankerpunkte im Raum und kommen Sie Ihrem Objekt nun von verschiedenen Seiten nahe. Macht es einen Unterschied für die Qualität Ihrer Wahrnehmungen, wie und von wo Ihre Annäherung erfolgt? Experimentieren Sie nun mit einer zielgerichteten Annäherung bis knapp vor Ihr Ziel.

Beobachten Sie, wie sich die Beziehung zwischen Ihnen und dem Objekt Ihrer Begierde verändert hat. Wie erging es Ihnen beim Abwarten? Bei welchen Strategien haben Sie sich ertappt? Haben Sie sich nach mehrmaligem »Scheitern« kurz vor dem Ziel neue (Zwischen-)Ziele gesteckt?

Von innen nach außen

Hintergrund Spitzensportler nutzen Mentaltraining, um sich auf ihre Leistungen vorzubereiten. Mentaltraining ist aber auch im Alltag sehr nützlich – überall da, wo konzentriert gehandelt werden muss. Je mehr man diese Konzentration und mentales Durchspielen übt, umso effektiver und leichter wird es, im entscheidenden Augenblick Leistung zu bringen.

Beschreibung Stellen Sie eine leere Plastikflasche (ohne Verschluss) auf einen Tisch und legen Sie einen Tischtennisball auf die Öffnung.

Laufen Sie nun langsam, aber zügig an der Flasche vorbei und versuchen Sie, den Ball mit den Fingern wegzuschnipsen. Dabei soll nur einmal geschnipst werden und die Flasche darf nicht umfallen.

Nun soll noch mal das Gleiche gemacht werden. Allerdings bereiten Sie sich nun mental vor: Konzentrieren Sie sich auf das Ziel, stellen Sie sich vor, wie Sie mit dem Finger den Ball wegschnipsen. Atmen Sie ruhig durch. Nun gehen Sie konzentriert los und schnipsen den Ball weg.

Welchen Unterschied zwischen den beiden Durchgängen haben Sie an sich beobachtet?

Das Tor weit öffnen
Wichtiges und Dringliches
müssen keine Gegensätze sein – *87*

Auf die Mischung kommt es an

Material Zwei gleich große Gläser mit einem Fassungsvermögen von ca. 0,3 Liter, ein DIN-A4-Blatt

Beschreibung Dieses Experiment soll Ihnen helfen, Dringlich und Wichtig miteinander in Einklang zu bringen.
Nehmen Sie zwei gleich große Trinkgläser mit einem Fassungsvermögen von jeweils ca. 0,3 Liter.

Füllen Sie das eine Glas ungefähr drei viertel voll mit Sand.
Das andere Glas befüllen Sie mit Kieselsteinen ebenfalls zu drei Viertel.
Die Kieselsteine stellen die wirklich wichtigen Dinge Ihres Lebens dar, der Sand steht stellvertretend für die wirklich dringlichen Angelegenheiten.

Jetzt versuchen Sie, die Inhalte der beiden Gläser in einem Glas unterzubringen.

Wenn Sie versuchen, das Glas mit dem Sand in das mit den Kieselsteinen zu entleeren, wird ungefähr die Hälfte des Sandes übrig bleiben. Umgekehrt bleibt Ihnen ein halbes Glas Kieselsteine übrig, wenn Sie Kieselsteine in das Glas des Sandes ausleeren wollen. So oder so, Sie verlieren ein Drittel des Gesamtinhaltes, also entweder wichtige Ziele oder dringliche Termine.

Um beides in Einklang zu bringen, nehmen Sie ein drittes Glas, stellvertretend für den guten und harmonischen Plan. Jetzt nehmen Sie einen Stein aus dem Kieselsteinglas und schütten behutsam Sand aus dem Sandglas über den Kieselstein, bis dieser gut im Sand eingebettet ist. So nehmen Sie nach und nach jeweils einen Kieselstein und eine Prise Sand. Am Ende werden Sie feststellen, dass im dritten Glas alles harmonisch vereint ist.

Jetzt nehmen Sie ein Blatt Papier für alle täglich geplanten oder realisierten Aktivitäten. Falten Sie das Blatt senkrecht zweimal, sodass drei Drittel entstehen.
1. Auf das erste Drittel schreiben Sie die Dinge, die Ihnen im Leben wirklich wichtig sind und die Sie unbedingt erreichen wollen. Vielleicht haben Sie es an diesem Tag gerade erreicht oder sind ihm zumindest ein Stück näher gekommen. Wenn dem so ist, machen Sie einen Haken. Wenn Sie diesem wichtigen Ziel in der Zukunft etwas Nachdruck verleihen wollen, unterstreichen Sie es und setzen ein Ausrufezeichen dahinter.
2. Auf das zweite Drittel notieren Sie die Dinge, die wirklich dringlich waren.

3. Auf das dritte Drittel schreiben Sie die Dinge, die weder wirklich wichtig noch wirklich dringlich waren.

Jetzt trennen Sie das letzte Drittel vorsichtig ab, schauen Sie sich die nicht dringlichen, unwichtigen Aktivitäten noch einmal an und befördern es in den Mülleimer. Mit dem Rest erarbeiten Sie nachträglich einen konkreten Zeitplan für den vergangenen Tag. Sie werden feststellen, dass Sie, nachdem Sie den »Müll« aus Ihrem Tagesablauf entfernt haben, eine ganze Menge Zeit übrig gehabt hätten, um die wirklich wichtigen Dingen in Ihrem Leben weiterzuverfolgen oder die unerwarteten schönen Dinge des Lebens zu genießen.

Das Tor weit öffnen

Alles beginnt mit einem ersten Schritt – *93*

So kann ich es schaffen!

Projektplan

Setzen Sie sich entspannt hin, während Sie die folgenden Schritte durchgehen. Lassen Sie sich nun von niemandem stören. Gönnen Sie sich Zeit und Muße und vielleicht gute Musik.

Beginnen Sie mit drei tiefen Atemzügen und notieren Sie dann:

1. Mein wichtigstes Ziel ist: ....
   ....

2. Wie sieht mein Ziel aus? Welche Farbe, welche Form, welche Textur hat es?
3. Wie hört es sich an? Gibt es einen Grundton?
4. Kann ich es schmecken oder riechen?
5. Wie fühlt es sich an? Wo in meinem Körper reagiere ich darauf?
   Nehmen Sie sich Zeit, es sich auszumalen.
6. Wann werde ich mein Ziel erreichen?
7. Wo will ich mein Ziel erreichen?
8. Wie oft will ich das Ziel erreichen?
9. Wie sehe ich aus, wenn ich es erreicht habe?
10. Was sagen Menschen, die mich mögen, wenn ich mein Ziel erreicht habe?
11. Was sagen Menschen, die mich nicht mögen, wenn ich mein Ziel erreicht habe?
12. Wie verändert die Zielerreichung mich? Was fällt weg? Was kommt hinzu?
13. Woran erkennen meine Freunde/Verwandten meine Zielerreichung?
14. Wer wird sich über die Zielerreichung am meisten freuen?
15. Welche meiner Stärken unterstützen mich bei der Umsetzung des Planes?
16. Welche anderen Kraftquellen stehen mir sonst noch zur Verfügung? Wer kann mich unterstützen? Wo kann ich mir Hilfe holen?
17. Was könnte mich daran hindern, mein Ziel zu erreichen?

18. Folgende Herausforderungen werde ich annehmen: ....
19. Welchen Schritt gehe ich konkret, um meinen Beitrag zu leisten?
20. Was ist der erste Schritt?
21. Wann werde ich diesen Schritt tun?

Dem Glück ins Auge schauen

Hintergrund Mit dieser Methode können Sie sich selbst von der verstandesmäßigen Entscheidungsebene wegführen. Auf einer Skala von eins bis zehn, bei der es um das Gefühl von Freude geht, ist es unmöglich, rational zu entscheiden, wo man sich zum gegebenen Zeitpunkt befindet. Indem Sie hier einer mehr intuitiven Beurteilung den Weg bahnen, legen Sie alle bewussten und unbewussten Ressourcen, die Ihnen für Ihre Entscheidungsfindung zur Verfügung stehen, in die Waagschale.

Beschreibung Um herauszufinden, ob eine Entscheidung langfristig zu Ihrem Lebensglück beiträgt, können Sie sich der folgenden Übung bedienen: Auf je einem DIN-A4-Blatt (insgesamt vier) notieren Sie als Überschrift:

- Meine erwartete Lebensfreude einen Monat nach Beginn meines Ziellaufs
- Meine Lebensfreude nach Zwischenziel eins

- Meine Lebensfreude nach Schaffung der Voraussetzungen zur Zielerreichung (zum Beispiel Prüfungsabschluss).
- Meine Lebensfreude nach zehn Jahren Leben mit den geernteten Früchten aus der erfolgreichen Zielerreichung (zum Beispiel Berufsausübung).

Auf jedem Blatt ziehen Sie eine durchgehende Linie von links nach rechts ein, die in zehn Abschnitte eingeteilt ist.

Kreuzen Sie auf jedem der vier Zettel die erwartete Lebensfreude zum jeweiligen Zeitpunkt in Ihrem Leben an. Eins bedeutet dabei »ganz wenig Lebensfreude«, bis zu zehn für »ganz viel Lebensfreude«.

Wenn Sie gedanklich Ihre Punkte zu einer Linie verbinden, was fällt Ihnen an Ihrer Lebensglückskurve auf?
Bei einer ansteigenden Tendenz haben Sie mit dieser einfachen Übung einen guten Grundstein gelegt für die Weiterarbeit an der Konkretisierung Ihres Ziels.

Schritt für Schritt dem Ziel entgegen

Hintergrund Lassen Sie Ihr weitgehend unbewusstes Selbst erfahren, dass eine Zielerreichung möglich und machbar ist. Antizipieren Sie mögliche Hindernisse, aber auch, wie viel Spaß das macht! Emotional, kognitiv wie körperlich soll gelernt werden, dass die Hinderungsgründe sich mithilfe der Stärken überwinden lassen. Dies unterstützt die Umsetzung von Intentionen in Handlungen. Eine schwierige Phase bietet die Möglichkeit, sich selbst besser kennenzulernen und verschiedene Lösungswege zu erproben. Die Visualisierung von vergangenen und zukünftigen Handlungsabfolgen – der Frage nachzugehen: »Wie hab ich das gemacht?« – kann einen ungemein optimierenden Einfluss auf Problembewältigungsstrategien haben. Die Einübung des Perspektivenwechsels versetzt Sie in die Lage, nach einer Niederlage neue Ziele zu finden oder die alten anzupassen.

Beschreibung Legen Sie die elf DIN-A5-Blätter, die Sie mit »0« bis »10« beschriftet haben, der Zahlenreihe nach in gleichen Abständen auf einer geraden Linie aus (Abstand mindestens einen Schritt lang). Das ist Ihr Zielpfad.

Gehen Sie in sich, stellen Sie sich Ihr Handlungsziel vor und schreiben Sie ein Wort dafür auf, oder malen Sie mit Ihrer nicht-dominanten Hand rasch ein Symbol für Ihr Ziel auf ein Blatt. Dieses platzieren Sie hinter der Zehn, das ist Ihr Zielbild.

Sie haben nun eine Skala vor sich. »0« bedeutet, dass Sie ihr Ziel noch überhaupt nicht angegangen sind. »10« bedeutet, dass

Sie Ihr Ziel bereits vollständig erreicht haben. Alle Werte dazwischen sind Abstufungen.

Stellen Sie sich nun an den Anfang Ihres Pfades. Stellen Sie sich vor, wie es sich anfühlt, wie es schmeckt, riecht, aussieht, anhört, wenn Sie das Ziel erreicht haben. Lassen Sie sich dafür Zeit, um alle Ihre Wahrnehmungskanäle mit Ihrer Vision des Ziels zu bedienen.

Wenn Sie damit fertig sind, stellen Sie sich dort auf die Skala, wo Ihre bisherige Zielerreichung liegt, wo Sie sich im Moment verorten würden.

Dann benennen Sie für sich drei Ihrer Stärken, die Ihnen beim Erreichen Ihres Ziels dienlich sein können. Wählen Sie auch dafür Symbole und platzieren Sie diese zur rechten Seite Ihres Zielpfades in beliebiger Anordnung. Anschließend benennen Sie drei Hinderungsgründe, die gegen die Zielerreichung arbeiten und positionieren Sie diese in gleicher Weise auf der linken Seite jeweils gegenüber einer antagonistischen Stärke.

Ihre Aufgabe ist es nun, ausgehend von Ihrem derzeitigen Platz auf der Skala jeweils zwischen Stärke und Hinderungsgrund mit Ihren Augen, mit Ihrer Aufmerksamkeit, zu pendeln. Anfang und Ende ist dabei jeweils die Stärke.

Tun Sie das so lange, bis Sie sich stark genug fühlen, um den Hinderungsgrund zu durchbrechen, indem Sie in Richtung Ziel gehen. Tun Sie das mit großer Achtsamkeit. Registrieren Sie, welche Körperempfindungen dabei auftauchen, und lassen Sie sich davon stärken.

Nachdem Sie am Ziel angekommen sind, belohnen Sie sich damit, dass Sie einen Schritt neben Ihren Zielpfad treten und Ihren Weg als Ihr wohlwollender Beobachter nochmals nachvollziehen. Als könnten Sie den Film zurückspulen, beobachten und beschreiben Sie Ihre Schritte. Wie ist es Ihnen gelungen, voranzukommen? Wie kann Ihnen das bei künftig gesteckten Zielen hilfreich sein?

Das Tor weit öffnen

Die innere Balance finden – ***106***

»Bruder Leichtfuß« und »Bruder Verantwortlich«

Beschreibung Um Ihre innere Harmonie zu finden, schlage ich Ihnen vor, den Widersachern in Ihnen eine Stimme zu geben. Den dominanten Anteil Ihres inneren Stimmenchors vereinigt der »Bruder Verantwortlich« in sich. »Bruder Leichtfuß« repräsentiert die schwächere, ungehörte Stimme, den eher passiven, lustbetonten Anteil.

Es kann in einer scheinbar ausweglosen oder Pattsituation hilfreich sein, diese beiden Anteile in sich auf zwei gegenüberstehenden Stühlen in Szene zu setzen und den »Kampf« auszufechten, bis Erschöpfung eintritt, die zuweilen Versöhnung, Kompromissbereitschaft oder eine neue Alternative in Erscheinung treten lässt.

Stellen Sie die beiden Stühle nicht zu weit auseinander, damit Sie einen raschen Wechsel des Blickwinkels vollziehen können. Nehmen Sie in rascher Folge die beiden Plätze ein und lassen Sie spielerisch den jeweiligen Anteil passend zum Stuhl aus Ihnen sprechen.

Verweilen Sie nur so lange auf einem Platz, bis Sie sich genügend in die jeweilige Rolle eingefühlt haben, und wechseln Sie danach jeweils zum anderen Stuhl.

Achten Sie auf Veränderungen in der Qualität und Intensität der Aussagen der beiden Widerstreitenden. Wie geht es Ihnen dabei? Haben Sie eine deutliche Präferenz für eine der beiden Rollen? (Es kann hilfreich sein, sich dabei einen Freund/eine Freundin als Zeuge/Zeugin zu Hilfe zu holen.) Achten Sie auf Ihre Körperempfindungen, Ihre Haltung beim Einnehmen der Plätze.

Gehen Sie über den Punkt hinaus, an dem Sie das Spiel »satthaben«, und beobachten Sie, ob sich die Streithähne in ihrer Argu-

mentation einander annähern, auseinanderdriften, ihrer Linie treu bleiben …
Womöglich entdecken Sie Facetten und Alternativen, die Ihnen vorher nicht bewusst waren.

Das Tor weit öffnen

Sinnvolles Handeln macht glücklich – *113*

Mit voller Absicht!

Beschreibung Vergegenwärtigen Sie sich eine Aufgabe, vor die Sie in Ihrem Alltag gestellt sind und deren Ausführung gemischte Gefühle oder negative Assoziationen bei Ihnen auslöst.

Lassen Sie sich auf das Experiment ein, diese Tätigkeit auf einem Blatt Papier einem imaginären außerirdischen Wesen, das noch nie von desgleichen gehört hat, so zu beschreiben, als handele es sich dabei um einen hoch konzentrierten Ausdruck Ihrer Liebe.

Wie wäre es, zum Beispiel das Staubsaugen mit der Haltung darzustellen, die es als Ihren Beitrag zu einem gelingenden Familienleben herausstellt? Wie würden Sie staubsaugen, wenn Ihre tiefe Dankbarkeit dafür einflösse, einen gemeinsamen Boden mit einem Dach über dem Kopf zu haben, was es Ihnen erlaubt, Ihr Privatleben zu genießen? Was, wenn Sie die

Handgriffe, die zu dieser Tätigkeit gehören, so gestalteten, als gäbe Ihnen jeder Gegenstand, den Sie dabei berührten, Anlass zu Meditation und Wertschätzung?

Wenn Sie etwas für sich gefunden haben, das Ihren Alltag gut abbildet, dann beschreiben Sie diese Tätigkeit nun vom Blickwinkel des alltagsgestressten Mitmenschen aus. Vermitteln Sie Ihrem außerirdischen Wesen glaubwürdig, dass diese unangenehme Pflicht am besten hastig und ohne große Aufmerksamkeit ausgeführt werden sollte. Auf welche Art erledigen Sie dann beispielsweise das Staubsaugen? Welche Gedanken gehen Ihnen dabei durch den Kopf, welche Körperempfindungen begleiten Ihre Ausführung?

Stellen Sie sich in Bezug auf Ihren Alltag folgende Fragen:
Wie viel Stress erlebe ich an einem durchschnittlichen Tag?
Was ist mein Anteil daran? Was mein Zugewinn?
Wie würde mein Leben aussehen, wenn ich das, was ich muss, mit größter Aufmerksamkeit täte und als Ritual meines persönlichen Ausdrucks verstünde?
Wie würde mein Umfeld davon Kenntnis bekommen?

Treffen Sie mit sich die Vereinbarung, in den kommenden Wochen eine beliebige alltägliche Aufgabe neu zu interpretieren. Achten Sie darauf, wie sich die Qualität dieser Pflicht und die Struktur Ihres Alltags rund um diese Kraft Ihrer liebevollen Zuwendung verändern.

Das Glück verstehen
Das Glück fließen lassen – *132*

Gedanken in Fluss bringen

Beschreibung Führen Sie diese Übung gemeinsam mit einem Freund/einer Freundin aus. In der Partnerschaft kann es ein gutes Ritual darstellen, die Beziehung zu reflektieren oder einfach regelmäßig aktiven Austausch zu pflegen.

Die Übung aus der klassischen Gestalttherapie kann Sie auf die Spur von Flow-Erlebnissen bringen und Sie Ihrem eigenen Erleben näher bringen. Es geht um wertfreies Zuhören. Diese Art der Hinwendung gibt dem/der Erzählenden Anlass, sich zu sortieren, eigene Ziele zu definieren. Eine Qualität der Gesprächskultur, die entwickelt und gepflegt werden will.

Zurückgeworfen auf die eigenen Stärken und Kompetenzen lernt sich der/die Erzählende neu kennen. Außerdem wird eine Sensibilisierung für (unbewusste) nichtsprachliche Äußerungen erreicht. Wenn

Sie darauf achten, welche nonverbalen Äußerungen Sie sich als Zuhörende/r »verkneifen« müssen, dann können Sie diese in einem nächsten Gespräch bewusster einsetzen – oder unterlassen.

Aufgabe: Erzählen Sie Ihrem Gegenüber während zehn Minuten, wie Sie sich fühlen, was Sie gerade erleben. Lassen Sie Ihre Gedanken frei fließen.
Der/die still Zuhörende ist eingeladen, auf körperliche und nonverbale Kommunikationen wie Kopfnicken, Stirnrunzeln, Augenbrauen-Hochziehen, Mit-den-Fingern-Trommeln, An-die-Schulter-Fassen etc. zu verzichten.

Wie geht es Ihnen dabei, zuzuhören? Ist es Ihnen leichtgefallen? Was haben Sie dabei gedacht? Sind Sie abgeschweift? An welchem Punkt? Wie haben Sie sich dabei gefühlt, nicht zu reagieren? Ist es Ihnen gelungen? Wie war es umgekehrt für Sie, zu sprechen? Wie haben Sie sich gefühlt? Welche Körperempfindungen haben Sie begleitet? Fällt Ihnen eine der beiden Rollen leichter? Was haben Sie für sich beobachtet: Wie wirkt sich Zugewandtheit auf die Qualität des Gesprächs aus?

Literatur

Aaron Antonovsky: *Salutogenese. Zur Entmystifizierung der Gesundheit*, Tübingen 1997

Aristoteles: *Nikomachische Ethik*, 2006

Joachim Bauer: *Prinzip Menschlichkeit. Warum wir von Natur aus kooperieren*, Hamburg 2007

Mihály Csíkszentmihályi: *Flow im Beruf. Das Geheimnis des Glücks am Arbeitsplatz*, Stuttgart 2004

Christa Diegelmann: *Trauma und Krise bewältigen. Psychotherapie mit TRUST*, Stuttgart 2007

Johannes Dreßler: *Der Mensch – das zu Bewußtsein erwachte Sein,* Darmstadt 1999

Tobias Esch: *Die Neurobiologie des Glücks – Wie die Positive Psychologie die Medizin verändert,* Stuttgart 2012

Renate Frank: *Glück – Lebe deine Stärken*, Düsseldorf 2008

Renate Frank: *Therapieziel Wohlbefinden*, Berlin, Heidelberg 2007, 2011

Viktor E. Frankl: *Ärztliche Seelsorge. Grundlagen der Logotherapie und Existenzanalyse*, Frankfurt am Main 2005

Viktor E. Frankl: *Der Wille zum Sinn*, 5., erweiterte Auflage, Bern 2005

Viktor E. Frankl: ... *trotzdem Ja zum Leben sagen. Ein Psychologe erlebt das Konzentrationslager*, München 1977

Sigmund Freud, *Das Unbehagen in der Kultur*, in: Gesammelte Werke 14, Wien 1930

Ernst Fritz-Schubert: *Schulfach Glück. Wie ein neues Fach die Schule verändert*, Freiburg i. Br. 2008

Ernst Fritz-Schubert: *Glück kann man lernen – Was Kinder stark fürs Leben macht*, Berlin 2010

Peter M. Gollwitzer: *Abwägen und Planen. Bewusstseinslagen in verschiedenen Handlungsphasen*, Göttingen 1991

Klaus Grawe & Marianne Grawe-Gerber: *Ressourcenaktivierung – ein primäres Werkzeug der Psychotherapie, 1999* In: *Therapieziel Wohlbefinden*, Renate Frank, Springer-Verlag GmbH Berlin, Heidelberg 2007, 2011

Oliver Haas: *Corporate Happiness als Führungssystem*, Berlin 2010

Dietmar Hansch: *Erfolgsprinzip Persönlichkeit*, Heidelberg 2006

Heinz Heckhausen: *Motivation und Handeln. Lehrbuch der Motivationspsychologie*, Berlin 1989

Christoph Horn: *Antike Lebenskunst – Glück und Moral von Sokrates bis zu den Neuplatonikern*, München 2008

Julius Kuhl: *Motivation und Persönlichkeit. Interaktionen psychischer Systeme*, Göttingen 2001

Jörg Lauster: *Gott und das Glück – Das Schicksal des guten Lebens*, Gütersloh 2004

Richard Layard: *Die glückliche Gesellschaft. Was wir aus der Glücksforschung lernen können*, Frankfurt a. M. 2009

Elisabeth Lukas (Hg.): *Mensch sein heißt Sinn finden. Hundert Worte von Viktor E. Frankl*, München 2006

Sonja Lyubomirsky: *Glücklich sein. Warum Sie es in der Hand haben, zufrieden zu leben*, Frankfurt a. M. 2008

Jens-Uwe Martens, Julius Kuhl: *Die Kunst der Selbstmotivierung – Neue Erkenntnisse der Motivationsforschung praktisch nutzen*, Stuttgart 2004

Marco v. Münchhausen: *Wo die Seele auftankt – Die besten Möglichkeiten, Ihre Ressourcen zu aktivieren*, Frankfurt a. M. 2006

Christopher Peterson/Martin E. P. Seligman: *Character strength and virtues: A handbook of classification*, Washington 2004

Jörg Riemeyer: *Die Logotherapie Viktor Frankls und ihre Weiterentwicklungen. Eine Einführung in die sinnorientierte Psychotherapie*, Bern 2007

Hans-Werner Rückert: *Entdecke das Glück des Handelns – überwinden, was das Leben blockiert*, Frankfurt a. M. 2004

Johann Caspar Rüegg: *Gehirn, Psyche und Körper. Neurobiologie von Psychosomatik und Psychotherapie*, Stuttgart 2007

Wilhelm Schmid, *Glück – Alles, was Sie darüber wissen müssen, und warum es nicht das Wichtigste im Leben ist,* Frankfurt a. M. 2007

Renate Schmidt: *Das Forrest-Gump-Prinzip oder die Wiederentdeckung der Einfachheit,* Berlin 2009

Martin Seligman: *Der Glücksfaktor – Warum Optimisten länger leben,* Bergisch Gladbach 2003

Martin Seligman: *Flourish: A Visionary New Understanding of Happiness and Well-being,* New York 2011

Steve de Shazer: *Das Spiel mit Unterschieden. Wie therapeutische Lösungen lösen*, Heidelberg 2006

Steve de Shazer/Yvonne Dolan: *Mehr als ein Wunder. Lösungsfokussierte Kurztherapie heute*, Heidelberg 2008

Dan Short/Claudia Weinspach: *Hoffnung und Resilienz. Therapeutische Strategien von Milton H. Erickson*, Heidelberg 2007

Fritz B. Simon/Christel Rech-Simon: *Zirkuläres Fragen. Systemische Therapie in Fallbeispielen: Ein Lernbuch,* Heidelberg 2007

Maja Storch/Frank Krause: *Selbstmanagement – ressourcenorientiert. Grundlagen und Trainingsmanual für die Arbeit mit dem Zürcher Ressourcen Modell (ZRM)*, Bern 2002

Maja Storch/Astrid Riedener: *Ich packs! Selbstmanagement für Jugendliche. Ein Trainingsmanual für die Arbeit mit dem Zürcher Ressourcen Modell*, 2., überarbeitete Auflage, Bern 2006

Online Quellen:

Bitkom, Presseinformation vom 3. Juli 2011: http://www.bitkom.org

Gallup News 2/2010: http://www.gallup.com

Happiness-Studie der Coca-Cola GmbH, 2011 vom Forsa-Institut in Deutschland durchgeführt: http://happiness-institut.de

Online-Fragenkatalog von Prof. Dr. Willibald Ruch: http://www.charakterstaerken.org

Danksagung

Dieses Buch hätte ohne die Ermutigung und Unterstützung vieler Menschen wahrscheinlich nicht entstehen können. Ich freue mich, dass ich mich an dieser Stelle dafür bedanken kann.

Mein besonderer Dank gilt Frau Sandra Sendler, die mich immer wieder neu inspirierte, als erste das Manuskript las und bearbeitete. Ich danke ihr auch dafür, dass sie mich und mein Projekt seit vielen Jahren begleitet und mir durch ihre heitere Gelassenheit hilft, auch die schöpferischen Durststrecken zu überwinden.

Danken möchte ich auch den vielen Personen, die sich durch die fehlerhafte Rohfassung quälten und mir wertvolle Anregungen zum Text und zu den Übungen gaben, unter ihnen Sofie Hofer, Maria Schmidt, Uta Morrison, Sabine Noé und Alexander Ehhalt.

Und schließlich danke ich allen Menschen, die mich an ihren Erlebnissen und Gefühlen teilhaben ließen und mir die Erlaubnis gaben, davon zu berichten.

Mein Dank gilt auch meinem Lektor, Herrn Peter Raab, und dem Kreuz Verlag, besonders Frau Imke Rötger, die es mir ermöglichten, meine Gedanken in die Öffentlichkeit zu tragen.

Ihnen, liebe Leser, danke ich für Ihre Aufmerksamkeit, mit der Sie meinen Gedanken folgten. Vielleicht haben sich daraus für Sie Fragen und Anregungen ergeben, die Sie uns übermitteln wollen. Wir laden Sie deshalb gerne ein, uns auf unserer Homepage zu besuchen:

www.fritz-schubert-institut.de

Sie erreichen uns auch direkt unter:

anfragen@fritz-schubert-institut.de